El éxito
es ser uno mismo

JAN MOLLER, MD

El éxito es ser uno mismo

Copyright © 2014 por Jan Moller, MD

Todos los derechos reservados, incluyendo el derecho a la reproducción total o parcial del presente libro a través de cualquier medio tanto digital como impreso. Para mayor información contacte a Cognitio a través del siguiente email:
info@cognitiobooks.com

Segunda Edición

ISBN 978-0-9915219-7-5
ISBN 978-0-9915219-8-2 (ebook)

www.cognitiobooks.com

Acerca del autor

El Dr. Jan Moller nació en Noruega y se graduó de la escuela de medicina en Alemania en 1982. Se especializó en acupuntura en Singapur y en Psicoterapia Gestalt, Terapia Familiar Sistémica, Terapia de Respiración e Hipnosis en Noruega, Estados Unidos, India y Venezuela.

El Dr. Moller es consultor, facilitador y conferencista internacional. Tiene más de 25 años de experiencia como psicoterapeuta y como facilitador de programas gerenciales de desarrollo humano para empresas públicas y privadas.

Es profesor en la prestigiosa escuela de negocios (IESA) en Caracas, Venezuela desde 1991 y director de la empresa Calidad Humana Consultores,C.A., desde 1993.

Es también músico, tiene cuatro hijos y vive en Venezuela desde 1988.

jmollerj@gmail.com

*Dedicado a Venezuela
y a su gente, por su calor humano,
sentido del humor y swing tropical.*

Justo lo que un noruego necesita para crecer.

Agradecimientos

Deseo expresar mi agradecimiento al Instituto de Educación Superior de Administración (IESA) por haberme brindado la oportunidad de crecer, tanto profesional como personalmente, durante los últimos quince años. Enseñar es la mejor forma de aprender, y ser profesor en esta prestigiosa institución y poder compartir las teorías y las prácticas del desarrollo humano con miles de venezolanos ha sido fundamental para poder extender y profundizar los conocimientos y las experiencias desarrollados en este libro.

También quiero agradecer muy especialmente al Centro de Desarrollo Gerencial del IESA y a su gerente general, Michael Penfold, por haber asumido el patrocinio de esta edición, y a Ediciones IESA por haber aceptado su publicación.

Asimismo, quiero darles las gracias a mis cuatro hijos: Monika, Jonathan, Benjamín y Matías. Su presencia en mi vida ha sido, y sigue siendo, una fuente permanente de aprendizaje y crecimiento como ser humano. Siempre serán mis maestros.

INDICE

Prólogo 15

PRIMERA PARTE..17

Todos somos responsables 17

Introducción 19
    La curiosidad 19
    El complejo de superioridad 20
    La prepotencia creativa 21
    El complejo de inferioridad 22
    El superior se siente inferior 23
        Características de una persona con complejo de inferioridad/
        superioridad 24
    El fanatismo religioso 24
    La psicología del fanatismo 26
    La inmensidad del universo 29
    La humildad 29
    Las interpretaciones del misterio 30
    Los mapas 31
    El libro 33

1 35

Los faros 35
    El cambio permanente 36
        Duelo y capacidad de adaptación 38
        El anclaje de nuestra seguridad 39
        Los ganchos poco confiables 40
    La ley del equilibrio 41
    El egoísmo responsable 43

- Todo está conectado con todo 46
  - Vivir es un arte 47
- El niño interior 49
  - La inmadurez cerebral 49
  - La memoria emocional 50
  - El pecado original 50
- Si no me conozco, no me puedo amar 52

2 53

Paradigmas del malestar 53
- Con la fe basta 54
- ¿Quién soy? No es una pregunta importante 56
- El niño bueno es el niño obediente 58
  - El bonsái 58
  - La pedagogía venenosa 59
- El amor hay que ganárselo 65
- Macho que se respeta no llora 68
  - El llanto 69
- El sexo es malo 71
  - Sexo y espiritualidad 74
- El éxito es lograr las metas 75
- La vida es una lucha 76

3 79

Paradigmas del bienestar 79
- Con la experiencia basta 80
  - La máscara 80
  - La base de la ética 81
- ¿Quién soy? Es la pregunta más importante en la vida 82
  - El salón de los espejos 82
  - Los primeros espejos 83
  - Las experiencias trascendentales 84

Cómo llegar al «ser verdadero» 86
Los piratas 86
El niño bueno es a veces desobediente 87
La firmeza respetuosa 88
Soy amado sin hacer nada 90
Macho que se respeta sí llora 91
El sexo es bueno 92
La sexología taoísta 93
El dilema 93
El sexo más fuerte 94
La técnica 94
El éxito es saber disfrutar el camino 95
La vida es un misterio para ser vivido 98

4 99

Caminos del autoconocimiento 99
El camino de la terapia 101
La confianza 101
Las culebras inofensivas 102
Una infancia «feliz y normal» 103
El perdón 105
Terapia y meditación 106
El camino de la meditación 107
Lo que la meditación no es 107
Lo que la meditación sí es 108
Meditar para vivir el presente 109
Una vida más meditativa 112
¿Necesitas terapia y meditación? 113

SEGUNDA PARTE 115

La reconquista de uno mismo 115
Introducción 117

1 121

Comprender la programación 121
Ser humano 121
La misión 122
El cerebro triuno 123
Las tres inteligencias 124
La inteligencia básica 124
La inteligencia intelectual 124
La inteligencia emocional 125
Las tres memorias 127
La memoria básica 127
La memoria intelectual 127
La memoria emocional 128
Los efectos negativos de la memoria emocional 129
El efecto psicosomático 129
El efecto psicointelectual 130
El efecto psicosocial 131
El efecto psicoespiritual 132
El iceberg 133
La inteligencia y la memoria espiritual 134
La interpretación negativa 135
La interpretación positiva 136
Las almas graduadas 136
Conclusión 137

2 139

Evidencias de la programación 139
La víctima 139
La programación de la víctima 140
El rescatador 141
La programación del rescatador 141

Las recompensas 143
El incesto emocional 143
   «Mamitis», «papitis» y «familitis» 144
   Juntos para siempre 145
El precio 146

3 .... **147**

Libérate de la programación 147
   Obligación o libertad 148
      El principio 148
   Elimina la queja 150
   El egoísmo responsable, otra vez 153
      Tengo derecho a ser mi propio juez 154
      Tengo derecho a no dar razones o excusas para justificar mi comportamiento 155
      Tengo derecho a definir mi propia responsabilidad en los problemas ajenos 155
      Tengo derecho a cambiar de parecer 156
      Tengo derecho a no preocuparme por lo que los demás opinan de mí 157
      Vivir y dejar vivir 159
   Practica la autoobservación 160
      Observa tu conducta 160
   Busca satisfacción emocional 161
   Resuelve los conflictos 162
   Si los conflictos no tienen solución, sepárate 163
   Elimina la culpa de tu vida 164
   Acéptate a ti mismo 165
   Esfuérzate 165
   Devuelve la responsabilidad a quien le pertenece ... 167
   Aprende a decir «no» 167
   Elimina los miedos infantiles 169

Haz una «miniterapia» con tu niño o niña interior 170
Enfrenta tu pasado 172
Infórmate 173
Admite que necesitas ayuda............173

4 175

La nueva programación 175
Evita el agotamiento y el estrés............176
Aplica la terapia «antimalcriadez»............177
Evita el drama si el niño no quiere comer............178
No seas perfeccionista............179
¿Cómo poner límites? 181
Negocia con tus hijos............182
Respeta a tus hijos 185

5 191

Reflexiones 191
Mi mundo ideal 191
Las paradojas............194
El misterio............195
Los maestros 196
Zorba el Buda............197

Epílogo............201

La escalada 201
El supuesto básico............201
El supuesto negativo 202
¿Existe el «mal»?............203
El miedo 205
Dios y el diablo 205
La responsabilidad 206
El despertar............207

El supuesto positivo 208
¡Ya basta! 209
¿Libre albedrío? 209
¿Dios existe? 211
¿Quién tiene la razón? 211

Anexo..**213**

El manejo del estrés..213
   La teoría 213
   Estrés positivo y negativo 214
      Las dificultades 214
   La interpretación de la realidad 215
   El condicionamiento, otra vez 216
   La práctica..218

Libros que me han inspirado 227

Prólogo

El tren salió de la estación de ferrocarril de Trondheim, Noruega, el día 5 de noviembre de 1953 a las 9 pm con destino a Oslo, la capital, a unos 560 km al sur. A bordo estaban mi padre, mi hermana de dos años y mi madre, a quien le faltaban quince días para dar a luz otra vez. Ella casi no podía caminar, porque con una estatura de apenas 1, 53 metros llevaba dentro no sólo uno, sino dos bebés. Mi padre la había tenido que empujar para montarla en el tren.

Parece que los trenes noruegos vibran más de lo normal, porque dos horas después mi madre rompió fuentes. Mi hermano y yo ya estábamos hartos y queríamos salir.

A las 11:30 pm pararon el tren en el pueblo de Dombas, situado en las montañas entre Trondheim y Oslo. Trasladaron a mi mamá, ya con contracciones, en un trineo de nieve halado por dos caballos a 22 grados bajo cero, al único hotel, llamado Hotel Turístico de Dombas. Ahí fue donde nací, el 6 de noviembre, y mi hermanito también, seis minutos después, ayudados por la comadrona local y mi papá.

Así comenzó mi vida de «turista». Viajando durante casi treinta años, estudiando la naturaleza humana, conociendo países, culturas, religiones y, sobre todo, gente.

Una lección importante que las experiencias de la vida me han dado es que nosotros, seres humanos, por debajo de una capa muy fina de diferencias, somos todos iguales y buscamos todos lo mismo: la misma alegría, el mismo amor y la misma luz espiritual; es decir, el mismo bienestar en todos sus sentidos.

También he aprendido que la búsqueda de esta alegría nos lleva hacia dentro; que la fuente del bienestar se encuentra en nuestro corazón, en un ser espiritual único e irrepetible, cuyo propósito es compartir su luz y su amor con los demás, y que la felicidad, el éxito y el triunfo humano son auténticas expresiones de este ser.

Y de esto se trata *este* libro: cómo llegar al bienestar mediante el reencuentro con uno mismo. Hay muchos caminos y habrá aquellos que desconozco. Por lo tanto, lo que puedo compartir contigo es lo que he vivido y lo que estoy viviendo. Mi esperanza es que mis experiencias e ideas puedan ayudarte a avanzar en tu propio camino hacia una vida más saludable, amorosa y auténtica.

El presente libro es una ampliación de mi primer libro *Caminos del bienestar* (2001). La segunda parte representa, en realidad, un segundo libro, pero en vez de editarlo por separado, se fusionó con el primero. Esto por sugerencia de la editora, quien, luego de revisar el contenido de ambos, opinó que los dos están tan relacionados que su combinación beneficiaría al lector. Si ya has leído el primer libro, espero que opines lo mismo. Para los nuevos lectores, espero que lo disfruten en su totalidad.

Jan Moller
Buena Vista, Morrocoy, Venezuela. Junio de 2005

PRIMERA PARTE

Todos somos responsables

Introducción

La curiosidad

"Sólo sé que no sé nada"
—Sócrates

Hace aproximadamente 2.500 años, en la antigua Grecia, vivía un sabio filósofo llamado Sócrates. Según dicen, no era un hombre físicamente muy atractivo, pero tenía un gran poder de convocatoria porque a la gente le encantaba escucharlo. En una de sus charlas ante sus pupilos en Atenas, hablaba de la curiosidad humana. Decía que la curiosidad es el impulso o la energía que se moviliza dentro del ser humano cuando se encuentra ante algo que no comprende. Al darse cuenta de su ignorancia, se «molesta» y, por dentro, le nace la necesidad de estudiar, investigar y experimentar. De esta manera se abre el proceso de aprendizaje, en el cual se van acumulando conocimientos.

Sócrates decía: «Estudien, aprendan y acumulen conocimientos, pero cuidado: hay un peligro en este proceso de aprendizaje. Por la acumulación de conocimientos pueden caer en una trampa mental y asumir una actitud muy contraproducente ante la vida».

Para explicar lo que quería decir, el filósofo utilizó una imagen: supongan que entran en un ambiente totalmente oscuro, pero llevan consigo una vela encendida. Si colocan la vela encendida en el piso y se acercan, lo que podrán observar es la llama de la vela y alrededor de ella un campo de luz. Donde termina el campo de luz, continúa la oscuridad. Bueno, la llama de la vela y la parte iluminada representan lo que conocemos y comprendemos, mientras la oscuridad representa lo que no conocemos o comprendemos todavía, es decir, nuestra ignorancia.

Cuando el ser humano llega al límite de sus conocimientos y se da cuenta de que hay todavía más que no entiende, su curiosidad se moviliza, y a través del proceso de aprendizaje acumula más conocimientos. En nuestra imagen, el campo de luz se expande y una parte que antes estaba en la oscuridad (o ignorancia), ahora se ilumina (es aprendida y comprendida).

Todo esto está muy bien y es bueno que la curiosidad nos lleve a aprender cada vez más cosas. Pero aquí, según Sócrates, hay que observar un fenómeno muy importante: si ahora recorremos el límite de nuestros conocimientos, nos damos cuenta de que sabemos mucho más que antes, pero también de que, al saber más, el límite hacia lo desconocido ha crecido. Ahora hay mucho más que no sabemos que antes. ¡Al saber más, somos entonces más ignorantes!

El complejo de superioridad

Sócrates plasmó esta sabiduría en la muy conocida frase: «Sólo sé que no sé nada». Muchos la hemos escuchado, pero no todos entendemos lo que realmente significa. Así hablaba ante sus discípulos:

> Vengan, estudien y acumulen conocimientos, pero para el resto de su vida siempre tengan esta frase en su mente. No para descalificar sus conocimientos, que son importantes y útiles en la vida, sino porque puede ayudarles a evitar la trampa mental de creer que por el hecho de tener conocimientos tienen «todo clarito» o son los dueños de la verdad.

El sabio se refería a dos cosas: primero, debemos enfrentar lo desconocido con una mente totalmente libre y abierta, sin la influencia de juicios, conclusiones o teorías basados en conocimientos anteriores; y segundo, la prepotencia es una actitud muy contraproducente en la vida. ¿Acaso no conoces a alguien que tiene «todo clarito» o que presume de tener la «única verdad» porque ha estudiado un poco más que otras personas? No necesariamente son argentinos o franceses, porque la prepotencia es un fenómeno globalizado. Se consigue en cualquier país, en Noruega y en Venezuela también.

Vamos a estudiar esta necesidad de «inflar el ego» o lo que los psicólogos llaman el *complejo de superioridad*, para después darnos cuenta de las consecuencias destructivas que trae. Incluso, quizás llegaremos a la conclusión de que todos, y sin darnos cuenta, caemos en esta trampa de vez en cuando.

La prepotencia creativa

La gente prepotente no siempre basa su sentido de superioridad en tener más conocimientos que los demás. El ser humano ha sido muy creativo en cuanto a inventar razones para sentirse «más» que otros. Por ejemplo, hay personas que piensan que tener mucho dinero y bienes materiales las convierten en seres superiores. «Mientras más tengo, más soy –dicen–, y como tengo más que tú, entonces *soy* más que tú». A veces ni saben más, ni tienen más, pero consideran que el color de su piel es el color superior. Dime tú si has leído alguna investigación científica que compruebe que el arcoiris tiene colores superiores e inferiores. ¿No te parece absurdo?

Otras personas se sienten superiores por su apellido o por la zona donde viven o en su trabajo por su cargo gerencial. ¿Cuántos gerentes, vicepresidentes y directores de empresas (tanto hombres como mujeres) no andan por los pasillos con el pecho inflado sintiéndose superiores? Se consideran tan importantes que ni siquiera dan los «buenos días» y faltan el respeto a la gente, porque según ellos, el «perraje» está por debajo de ellos.

¿Alguna vez has asistido a una reunión de equipo de trabajo para resolver un problema, y el jefe ha tenido «todo clarito» y la única manera de resolverlo? ¿Qué ocurrió con la comunicación? ¿O con la creatividad? ¿O con la motivación? Por supuesto se paralizaron, porque cualquier dueño de la verdad tiene el gran defecto de no saber (querer) escuchar. ¿Y para qué escuchar si tiene todo clarito? Tener todo clarito significa que no hay nada más que aprender.

El complejo de inferioridad

Lo superior es superior sólo con relación a algo inferior. Por lo tanto, el complejo de superioridad no puede existir sin el complejo de inferioridad. Parece que nos proporcionan estos complejos con la leche materna, porque ambos se aprenden inicialmente en la familia. Muchos padres y madres, sin darse cuenta, tratan a sus hijos como si fueran seres inferiores. Por ejemplo, el niño de siete años que le cuenta a su padre una de sus ideas y el padre responde algo como: «¿Y de dónde sacaste esa idea tan estúpida?». O simplemente dice: «Eso no es cierto». El niño aprende que quien siempre tiene la razón y la verdad es la autoridad. Excelente razón para sentir que la autoridad es superior y él inferior.

La costumbre de comparar a los niños entre sí con el propósito de estimularlos para esforzarse y superarse, en realidad les enseña que algunos de ellos son superiores y otros inferiores. La pregunta «¿por qué no eres como tu hermano?» indica indirectamente que como uno es, no sirve. Luego, el sistema educativo refuerza esta idea con su régimen de evaluación. Si sacas veinte, eres superior, y si no pasas el examen, eres inferior. El famoso «cuadro de honor» es en realidad un abuso emocional porque genera «ganadores» y «perdedores». Además, hay cualquier cantidad de educadores que tienen «todo clarito» y que se molestan si los alumnos hacen demasiadas preguntas o cuestionan su punto de vista, lo que comprueba, otra vez, que la autoridad es superior. Adicionalmente, montado sobre todo esto, queda la enseñanza de que ante el denominado «ser superior» somos todos inferiores.

Así que la prepotencia y el complejo de inferioridad son consecuencias de nuestra temprana socialización. Somos condicionados o programados mental y emocionalmente para sentirnos superiores o inferiores. La mayoría sufrimos de ambos complejos. En algunas situaciones y ante algunas personas nos sentimos superiores, mientras que en otras nos sentimos inferiores.

El superior se siente inferior

Pero ¿cuál es la diferencia entre sentirse superior e inferior? Mucha gente confunde la prepotencia con alta autoestima, o la denominan «un exceso de autoestima». La realidad es que las personas que tienen la necesidad de sentirse superiores a los demás, psicológicamente se sienten inferiores. Su manera de evadir su realidad interior negativa y dolorosa es tratar de engañar a los demás, mostrando una «fachada» de fuerza y poder. Esta actitud forma parte de sus mecanismos psicológicos de defensa, mejor conocidos como la «coraza». Y logran engañar, no solamente a los demás, sino también a sí mismos.

La prepotencia y el complejo de inferioridad son entonces dos expresiones del mismo problema: inseguridad y baja autoestima. La persona con una autoestima alta no se siente ni superior ni inferior. Sabe que cada ser humano es único e irrepetible y simplemente no se compara con nadie.

Características de una persona con complejo de inferioridad/superioridad

- Querer tener siempre la razón.
- Enojarse con suma facilidad.
- Necesidad obsesiva de «ser más» que los otros, de «valer más».
- Necesidad obsesiva de controlar dictatorialmente las situaciones.
- Ambición agresiva.
- Abuso de poder, conductas autoritarias.
- Dificultad y resistencia para aceptar los propios errores.
- Perfeccionismo.
- Comportamientos rígidos e inflexibles.
- Intolerancia a los desacuerdos.
- Conductas defensivas sin causa proporcionada.
- Tendencia a etiquetar negativamente a los demás.
- Bromas hirientes, repetidas con insistencia.
- Personalidad sumisa y tímida.
- Miedo y resistencia al cambio.
- Miedo escénico.
- Inseguridad en situaciones sociales.

El fanatismo religioso

Me falta comentar otro tipo de prepotencia que he experimentado en todos los países que he conocido. Y es la peor forma, porque no parece prepotencia como tal, sino que se presenta disfrazada de amor y espiritualidad. Me refiero al «ego espiritual» de las personas religiosas que pretenden tener el «único camino», la «verdad absoluta» y opinan que todos los demás están perdidos y necesitan salvación.

La prepotencia religiosa o espiritual es la peor expresión de irrespeto y una fuente permanente de conflictos y violencia entre los seres humanos. Cualquiera que pretenda poseer la «verdad absoluta» es un fanático. Si te digo que mi religión es la única verdadera, y que tú, si perteneces a otra creencia, necesitas la salvación, deberías sentirte ofendido, porque me estoy elevando en un pedestal espiritual ante ti. Te estoy faltando al respeto, pisoteándote espiritualmente. Y ¿con qué autoridad lo hago? ¡Con ninguna! Porque ni yo ni nadie ha regresado de la muerte para contar cómo es la «verdad» en «el otro lado». Nadie realmente sabe «la verdad verdadera». Y recuerda: ¡pretender saber o creer saber, no es saber!

Hay más de trescientas religiones registradas en el mundo. Cada una tiene su único camino, y cada una está tratando de salvar a las demás. Como nadie quiere ser salvado por imposición, con razón terminan peleando. Alguien ha calculado que en los últimos cinco mil años, el ser humano ha tenido por lo menos catorce mil conflictos bélicos y que la gran mayoría de ellos han ocurrido por razones religiosas. Observa el mundo en este mismo momento. En el siglo XXI estamos todavía matándonos el uno al otro en el nombre de Jesucristo, Mahoma, Krishna o cualquier otra autoridad celestial. El fanatismo religioso sigue igual o quizás es peor que antes. Todo el mundo está convencido de que tiene el único camino.

¿No te parece interesante la cantidad de únicas verdades y únicos caminos que hay? Y, además, si de verdad existiera un solo camino o una sola verdad para todos, ¿no te parece insólito que no lo hayamos encontrado todavía? No creo que Dios sea tan tacaño como para ofrecernos un solo camino hacia Él. Debería haber cualquier cantidad de caminos.

La psicología del fanatismo

Albert Einstein, el famoso físico y autor de la teoría de la relatividad, justo antes de morir, decía que la única pregunta importante en la vida es si el universo es un sitio amigable o no. Según Einstein, cada ser humano necesita decidir si el universo es su hogar en donde puede sentirse cómodo y relajado, o un lugar amenazador donde necesita estar alerta y preparado para defenderse contra los peligros, porque quien percibe el universo como un sitio amigable tendrá una vida muy distinta de quien lo percibe como una amenaza.

El físico estaba refiriéndose a lo que los psicólogos llaman *la confianza básica*. El desarrollo de la confianza básica tiene que ver con el primer proceso de aprendizaje del recién nacido. En este proceso, el bebé va aprendiendo intuitivamente si se puede confiar en los demás, si sus necesidades serán satisfechas, si él es bienvenido, en fin, si su vida está en peligro o no. La mayoría de las teorías psicológicas coinciden en que esta confianza se desarrolla (o no se desarrolla) en los primeros doce meses de vida. Por eso, vamos a ver cuáles son las primeras impresiones que recibimos cuando entramos en el mundo.

La vida intrauterina, o los nueve meses que permanecemos en el vientre de nuestra madre, es normalmente una vida paradisíaca. Estamos flotando en un líquido con una temperatura constante. Hay oscuridad y silencio, y todas nuestras necesidades son automáticamente satisfechas, sin que tengamos que levantar un dedo[1].

---

[1] Existe información científica que indica que el feto, por lo menos en el último trimestre, puede «sentir» y «procesar» información. De esta forma puede, por ejemplo, ser afectado por el estado de ánimo de su madre, reaccionar ante diferentes tipos de música, «saber» si es bienvenido o no, etcétera. Estas experiencias prenatales a su vez pueden afectar el desarrollo emocional del bebé y, en consecuencia, su vida entera. Para no complicar el asunto, he optado por no incluir las teorías astrológicas y las de la reencarnación y las vidas pasadas, a pesar de que puedan tener explicaciones interesantes acerca de algunos aspectos del desarrollo humano.

De repente, comienzan a empujarnos por un canal tan estrecho que nuestro cráneo se aplasta, y si logramos pasar sin quedarnos atascados, lo primero que se nos presenta al salir es una luz de extrema intensidad. ¿Alguna vez has experimentado el dolor en tus ojos saliendo al sol desde un lugar oscuro? Bueno, ese mismo dolor lo sentimos al momento de nacer. Además, la diferencia de temperatura es de por lo menos unos 15 grados centígrados, y si nacemos en el quirófano la diferencia es de casi 25 grados.

Así que nuestra vida comienza tradicionalmente con malestar. Comienza con dolor ocular y escalofrío. Pero todavía falta. Luego nos agarran por los pies, nos guindan con la cabeza hacia abajo y nos dan una nalgada. Seguidamente, y con poca delicadeza, meten un tubo por nuestra nariz y garganta para aspirar la flema, cortan el cordón umbilical, nos alejan de nuestra madre para bañarnos y, para finalizar la ceremonia de bienvenida, nos llevan presos al retén, donde nos dejan solos.

Y, abandonados en el retén, ¿cuál crees tú que es nuestra percepción del universo? No la de un sitio muy amigable, ¿verdad? Creo que si pudiéramos, nos regresaríamos al útero[2]. Después nos llevan a la casa. Y quizás nuestros padres, con las mejores intenciones, siguen las recomendaciones de sus padres o amigos, de no cargarnos cada vez que lloramos, especialmente en la noche, porque según su experiencia, esto puede producir un hijo «malcriado» o demasiado consentido. Entonces lloramos, a veces por horas, sin que nadie aparezca. Imagínate el terror que sentimos en ese momento.

Claro, ahora lo hemos olvidado, pero el pánico adquirido del nacimiento y los primeros meses se graba como un archivo en el disco duro de nuestro subconsciente, y se convierte en una angustia

---

[2] Hay clínicas que ofrecen un parto alternativo, donde se trata de «suavizar» el trauma del nacimiento con un ambiente físico menos hostil, por ejemplo, dejando que el bebé nazca en agua tibia (en una piscina). Lamentablemente, muy pocas mujeres en el mundo tienen acceso a estas alternativas, a pesar de sus efectos positivos. Ojalá que algún día puedan convertirse en los métodos «normales» para todos.

existencial que nos acompaña el resto de la vida. Sin darnos cuenta, decidimos que el universo es un sitio amenazador. Por lo tanto, desde el principio, asumimos instintiva e inconscientemente una posición defensiva ante la vida. Como bebés somos tensos, estresados y angustiados, y más adelante vivimos con una necesidad excesiva de ser protegidos por algo o alguien.

Esta situación es lo que nos hace convertirnos en fanáticos políticos o religiosos veinte años después. ¿No te has dado cuenta de las promesas de protección y satisfacción en los mensajes políticos o religiosos? Los políticos dicen: «Voten por mí, porque yo los voy a proteger y conmigo tendrán todas sus necesidades satisfechas». Los religiosos dicen: «Dios te protegerá. Reza y te dará todo lo que necesites».

Estos mensajes son ganchos psicológicos e inconscientemente nos dejamos enganchar, porque por dentro guardamos las experiencias primarias de desprotección e insatisfacción del bebé recién nacido.

La creencia fanática en la verdad absoluta es uno de los mejores tranquilizantes para la inseguridad básica y la angustia existencial, porque teniendo todo clarito podemos mirar el firmamento en la noche y sentirnos seguros. Por lo tanto, mientras más inseguridad, más extremo el fanatismo.

Las pocas personas que han tenido la suerte de percibir el universo como un sitio amigable no se convierten en personas intolerantes o prepotentes. Observan el firmamento en la noche y dicen: «No estoy seguro de lo que está pasando aquí, pero no importa. Siento una profunda confianza en el misterio de la existencia. No sé cómo, pero me siento protegido y estoy convencido de que la vida me dará la oportunidad de encontrar o crear lo que necesito».

La inmensidad del universo

Con la frase «sólo sé que no sé nada» Sócrates quiere decir: «Siempre compara lo que sabes con la inmensidad del universo». Hoy en día, los astrónomos están midiendo las distancias en el cosmos. Cuando lo hacen, utilizan una medida llamada *año luz*. Un año luz es la cantidad de kilómetros que recorre la luz durante un año a una velocidad de 300 mil kilómetros por segundo. Imagínate esta distancia: 300 mil kilómetros por segundo durante un año. Son exactamente 9. 460. 800. 000. 000 kilómetros, es decir, ¡casi diez millones de millones de kilómetros! Y esto es solamente un año luz. Cuando sabemos que la tecnología existente es capaz de medir distancias en el orden de miles de millones de años luz, queda en evidencia que el universo es demasiado grande para tener la verdad absoluta.

Y esto fue precisamente lo que Sócrates quiso decir: la «verdad verdadera» es demasiado grande y nuestro intelecto demasiado limitado para entenderla.

La humildad

La sabiduría socrática nos ayuda a entender que la prepotencia es una actitud contraproducente ante la vida. Crea conflictos y destrucción, nos cierra existencialmente y paraliza nuestra evolución, porque no nos permite seguir aprendiendo.

Al internalizar esta sabiduría, asumimos una actitud de *humildad* y *sencillez* ante la vida y los demás. Porque ante miles de millones de años luz ¿qué importa cuántos doctorados tengamos en nuestra especialidad, cuánto dinero tengamos en el banco, cuál sea el color de nuestra piel, cuánto poder nos dé nuestra posición social o profesional, o a qué creencia religiosa pertenezcamos? Ante la inmensidad del universo, solamente nos queda por decir: «Sólo sé que no sé nada», aceptar nuestra ignorancia y comprender que todo ser humano tiene el mismo valor y potencial de enseñarnos algo nuevo.

Así quedamos abiertos para seguir aprendiendo en cada momento. Como no tenemos la verdad, no hace falta ni defenderla, ni imponerla, ni pelear para convencer o convertir a los demás. Podemos vivir una vida más relajada porque evitamos el fanatismo dogmático, con sus obsesiones, tensiones y conflictos. Quedamos abiertos para maravillarnos ante lo desconocido y para escuchar a nuestros hijos, parejas, amigos, compañeros de trabajo y seguidores de otras religiones, y aprender de ellos.

Las interpretaciones del misterio

Imagínate dos niños de cuatro años de edad juntos con sus respectivos padres en la playa mirando las estrellas en la noche. Los padres de uno de los niños son cristianos, mientras los padres del otro son budistas. Están todos en la misma playa observando el mismo firmamento. Ambos niños hacen la misma pregunta a sus padres: «Mami, papi, ¿quién puso las estrellas allí en el cielo y quién nos puso a nosotros aquí en la Tierra?». Los padres cristianos responden: «Bueno, hijo, escucha bien. La verdad es que Dios creó todo esto. Él puso las estrellas en el cielo y nos creó a nosotros y nos puso aquí en la Tierra. Él ha creado todo lo que existe».

Los padres budistas responden algo completamente diferente: «Hijo, no pierdas tiempo ni energía tratando de responder preguntas que no se pueden responder. Lo que necesitas conocer y practicar para iluminarte y alcanzar el nirvana[3] son ‹las diez perfecciones›». Los budistas no consideran importante la existencia de un dios, porque, según ellos, si alguien dice «Dios creó todo esto», una siguiente

---

3 Concepto oriental (principalmente del budismo): la máxima realización espiritual o la iluminación.

pregunta muy lógica sería: ¿quién creó a Dios?, y ¿quién creó a quien creó a Dios?, y así sucesivamente, hasta el infinito.

Todos están en la misma playa, mirando las mismas estrellas y respondiendo la misma pregunta. ¿Cuál es tu opinión? ¿Cuál de los dos niños recibe la verdad?

Según mi manera de ver, ninguno de los dos. La existencia humana en la Tierra no se puede explicar o, mejor dicho, nuestras explicaciones son precisamente eso: explicaciones y no verdades. Nuestra vida en este universo es un misterio y como tal puede ser interpretado de infinitas maneras. Y ya hemos visto que mientras más sabemos, más grande es el misterio.

Por lo tanto, lo que llamamos «verdades», creencias o convicciones nunca son verdades, sino «interpretaciones del misterio». Entonces tenemos la interpretación cristiana, la interpretación budista, la interpretación hindú, la musulmana, etcétera.

Los mapas

Fíjate, no hace falta la verdad para vivir bien o hacer el bien. No hace falta el único camino para crear bienestar. Lo que sí hace falta es una buena guía o un buen mapa para orientarnos en el «terreno de la vida». Por eso, no nos interesa la verdad absoluta. Lo que nos interesa es si nuestras «interpretaciones del misterio» son buenos mapas o no. ¿Y qué es un buen mapa? Bueno, es el mapa que nos ayuda a ubicarnos en el terreno y a llegar a donde queremos llegar por los caminos menos obstaculizados.

Pero para saber si el mapa es una buena guía o no, primero hay que saber a dónde queremos llegar. ¿Y a dónde queremos llegar en la vida? Tal vez tenemos diferentes metas, objetivos o sueños, pero, como ya dije en el prólogo, la capa de diferencias que separa a un ser humano de otro es muy fina. Por debajo estamos todos conectados con el mismo deseo fundamental: una vida en bienestar en todos los sentidos, tanto físico, material y mental, como emocional, social y espiritual.

Si nuestras creencias, convicciones o explicaciones nos ayudan a crear más bienestar, ¿qué importa si son verdades o no? Y qué bueno si alguien interpreta el misterio de una manera diferente a la de nosotros. Quizás su manera distinta de ver las cosas pueda completar y enriquecer nuestros mapas y hacerlos más útiles para nosotros. Aprendiendo de los mapas de los demás podríamos entonces aumentar nuestra capacidad para crear bienestar en la vida. ¡Qué maravilla!

Así que en este libro no te daré verdades. Compartiré contigo un conjunto de mapas que me han ayudado y que me siguen ayudando a sentirme mejor en mi vida. Tal vez te puedan ayudar a ti también en tu vida. Pero mi objetivo no es el de convencerte de que tengo la razón y la única verdad, porque no las tengo.

Puede ser que mis mapas no te sirvan. Lo único que te recomiendo es que si te dan curiosidad, te dejes guiar por ellos por un tiempo y observes lo que pasa. Si te sientes mejor ¡maravilloso!, y si no, ¿cuál es el problema? Hay tantos caminos y mapas posibles en este misterio infinito, que estás en tu derecho de buscar y utilizar cualquiera que te sirva. Pero eso sí: el criterio es que tus mapas te orienten hacia el bienestar. Si no, bótalos y búscate otros.

El libro

A lo largo del libro, a lo que me he referido como «interpretaciones del misterio» o mapas será llamado *paradigmas*. Las historias personales referidas son tomadas de conversaciones que he tenido con pacientes en consulta y participantes en cursos.

La primera parte se llama «Todos somos responsables». En el primer capítulo, hablaré de «los faros», que son los puntos fijos de referencia que no cambian cuando actualizamos los paradigmas. En el segundo capítulo, expondré acerca de lo que llamo «paradigmas del malestar», es decir, los mapas equivocados o desactualizados más comunes. Luego, en el tercero, indicaré la forma actualizada en la que éstos pueden orientarnos hacia el bienestar, y en el capítulo cuatro, «Caminos del autoconocimiento», presentaré dos mapas importantes para el crecimiento personal y espiritual.

La segunda parte se titula «La reconquista de uno mismo». En ella profundizo en los temas de la primera parte y los complemento con sugerencias y recomendaciones prácticas para una socialización más acorde con el propósito de nuestra vida.

¡Que disfrutes la caminata!

1

Los faros

Un barco está navegando en la niebla. A pesar de que el radar está funcionando, el capitán y la tripulación sienten cierta angustia porque no confían completamente en la tecnología. De repente, oyen un sonido fuerte, como un trombón, y ven una luz que aparece y desaparece. Es un faro. El capitán identifica la posición del faro en el mapa de la costa y dice con gran alivio: «Gracias a Dios, estamos bien ubicados y llegaremos a puerto sin problemas».

Lo mismo puede pasar en nuestras vidas. A veces nos sentimos confundidos y no sabemos dónde estamos ubicados, ni qué curso fijar para seguir avanzando. En estos momentos necesitamos los «faros». Son puntos de referencia que no cambian su posición cuando actualizamos o cambiamos los mapas. Sin ellos sería imposible ubicarnos para saber si estamos cerca o lejos de donde queremos llegar. Me refiero a los principios o leyes naturales.

Claro, la idea de que existen principios o leyes también son interpretaciones del misterio y, como tal, tampoco son verdades, sino paradigmas. Representan supuestos básicos que simplemente aceptamos o rechazamos, como por ejemplo que $1 + 1 = 2$ en la matemática. Estamos en nuestro derecho de rechazarlo, pero entonces habrá que inventar otra matemática.

El cambio permanente

"Aquellos que no aman el cambio no son, en verdad, visitantes de la Tierra"
—Richard Bach

Parece contradictorio que el cambio pueda funcionar como un punto fijo de referencia para nuestras vidas. Pero muchas situaciones serían menos confusas y angustiantes, y evitaríamos muchos malestares innecesarios, si pudiéramos aprender a vivir con el hecho de que el cambio es el único constante en la vida.

La existencia está signada por un *proceso continuo de cambio* que todo el tiempo reta nuestra adaptabilidad. El reto más grande para la mayoría de la gente de hoy no es manejar situaciones de peligro físico, las cuales eran muy características de las épocas primitivas, sino sobreponerse a la *presión psíquica* resultante de los múltiples y rápidos cambios de la vida moderna. Nos mudamos, cambiamos de trabajo y nos divorciamos más frecuentemente que nunca, y el vertiginoso desarrollo tecnológico exige una adaptación cada vez más rápida.

En la medida que tengamos la voluntad y las destrezas para adaptarnos y acostumbrarnos a la creciente velocidad de cambio, lograremos acompañar el desarrollo y seremos capaces de crear bienestar y calidad de vida para nosotros mismos y los demás.

La velocidad y la cantidad de cambios a los que estamos sometidos actualmente exigen ahora una nueva y más profunda *comprensión de estos procesos*. Por eso, trataremos de entender lo que ocurre cuando las cosas cambian. Comenzaremos poniendo ejemplos de algunas situaciones típicas de cambio. Sonia relata a continuación su experiencia cuando fue obligada a mudarse:

> *Tuve que dejar la casa en la cual había vivido alquilada por más de 25 años porque el dueño la quería para él y su familia. Mi primera reacción fue de*

> *rabia y frustración, luego vinieron la angustia y las preocupaciones: ¿cómo voy a conseguir una vivienda tan buena y económica como la que tengo? Me dieron tres meses para desocupar y, al principio, me sentí deprimida, apática y con mucho miedo. Pero cuando me quedaban aproximadamente seis semanas, un buen amigo me dio una «patada cariñosa» que me hizo despertar para tomar responsabilidad y acción. En el transcurso de quince días encontré el apartamento donde vivo ahora. No es tan grande, es un poco más caro que la otra casa y, a pesar de que extraño aquélla, la nueva me está gustando cada día más.*

Cuando Elizabeth perdió su trabajo, lo asumió como un reto:

> *Tengo que admitir que en el momento que recibí el mensaje de que me iban a despedir por razones de reestructuración en la organización, me sentí muy mal. En los tres meses que tenía en la empresa me había entregado totalmente al trabajo y me gustaba mucho. Ahora me encontré otra vez buscando trabajo, algo que no me agradaba. Sin embargo, estaba decidida a no caer en la misma depresión que me había dado dos años antes, cuando estaba en una situación similar. Con la ayuda de mi jefe, tomé la iniciativa e hice contacto con varias empresas del mismo ramo de negocios. Imagínate la suerte, después de sólo dos semanas conseguí un nuevo trabajo y, además, con mejor sueldo. Tal vez no fue sólo suerte. Pienso que mi actitud positiva y proactiva me ayudó a resolver la situación a mi favor.*

La adaptación al cambio es un proceso que puede provocar sentimientos fuertes. El éxito del mismo depende precisamente de cómo manejemos estas reacciones emocionales. Necesitamos tanto la destreza como la voluntad para tolerar el malestar creado por estos sentimientos y, en un momento dado, estar dispuestos a aceptar la realidad, dejar el pasado atrás y poner la nueva situación a funcionar a nuestro favor.

Duelo y capacidad de adaptación

Es importante comprender que cualquier cambio –grande o pequeño– implica de alguna forma la pérdida de algo conocido, querido o seguro. La pérdida puede tratarse de alguna persona amada, cosas materiales, hábitos (o malos hábitos), trabajo, vivienda, etcétera. Por lo tanto, la aceptación de muchos de estos cambios requiere un proceso o un trabajo de duelo.

La duración de este proceso y su impacto sobre nuestra vida depende de muchos factores, entre ellos la dependencia que tuvimos de lo perdido, así como nuestra capacidad para manejar y asimilar los pensamientos y sentimientos asociados con el elemento o situación que nos afecta.

Además de generarnos sentimientos de pérdida, los cambios también perturban nuestras necesidades de seguridad, confiabilidad y certidumbre. Lo que llamamos la *resistencia al cambio* es una reacción defensiva por sentirnos amenazados y es tan natural como la tristeza o el duelo, pero igualmente es importante saber manejarla, porque mientras más grande es el cambio, mayor es la posibilidad de que lo interpretemos como una amenaza y más difícil se vuelve la adaptación.

La cantidad de miedo provocado y nuestra manera de manejarlo depende también de varios factores, por ejemplo, de nuestras experiencias con cambios vividos en el pasado o de si somos partícipes en el cambio. Sonia, que había vivido en la misma casa por veinticinco años, seguramente se sentía más amenazada por la mudanza que una persona acostumbrada a mudarse cada tres años. Elizabeth transformó su actitud inicial de miedo en una actitud de proactividad porque tenía experiencia en cambiar de trabajo. Imagínate cómo se sentiría si hubiera trabajado en la misma empresa por veinte o treinta años.

Otro factor que influye en nuestra capacidad de adaptación es la reacción de nuestro entorno. La falta de apoyo y comprensión de lo que nos rodea, especialmente en la fase inicial del cambio, dificulta el manejo del miedo y del duelo, y puede aumentar la resistencia para aceptar la realidad.

Sin embargo, lo que tiene más influencia sobre nuestra adaptación al cambio no son los factores externos, sino un factor interno: *nuestra seguridad interior*. Veamos más de cerca de qué se trata.

El anclaje de nuestra seguridad

Parte de la capacidad humana de adaptación la constituye nuestro instinto genético de supervivencia, mientras que la mayor parte del repertorio de comportamientos de adaptación es adquirida a través de nuestras experiencias. Este proceso de aprendizaje está estrechamente relacionado con el desarrollo de una parte importante de nuestra personalidad: *la seguridad interior*.

Aunque la necesidad de sentirnos seguros puede variar, la completa inseguridad conduce a una parálisis y es incompatible con la vida. Un mínimo nivel de seguridad, tanto internamente como hacia el entorno, es necesario para poder funcionar adecuadamente.

Cuando existe seguridad interna, ésta se manifiesta como *alta autoestima*. Alta autoestima significa que nuestra seguridad está anclada en un sentido fuerte de valor propio, y en una confianza fundamental en nuestras capacidades para manejar los retos de la vida. Es como si tuviéramos una vocecita por dentro diciendo: «Pase lo que pase, sé que si me caigo, me levantaré de nuevo». Esta autoestima es el anclaje más sólido para nuestra adaptabilidad porque se encuentra por dentro y no depende de circunstancias cambiantes. Ella nos permite enfrentar la mayoría de los cambios como retos y nos ayuda a convertir situaciones difíciles en posibilidades de crecimiento.

La capacidad para manejar el cambio y adaptarnos a él depende, en gran parte, de nuestra seguridad interior.

Los ganchos poco confiables

Cuando sufrimos de baja autoestima, tenemos una profunda duda e inseguridad sobre nuestras destrezas, capacidades y valor como seres humanos. Una manera de compensar este complejo de inferioridad es anclar la seguridad en algo externo, utilizando, por ejemplo, dinero, poder, estatus, posesiones materiales, rutinas, otras personas o la verdad absoluta, y así creamos un falso sentido de seguridad y autoestima. «Falso» quiere decir que tanto hacia nosotros mismos como hacia los demás pretendemos ser seguros, cuando la realidad interior es contraria. (¿Te acuerdas de lo que hablamos de la prepotencia?)

Esto funciona aparentemente bien mientras controlamos nuestra situación de vida, pero ¿por cuánto tiempo logramos mantener el control? La vida es un proceso de cambio permanente, lo que convierte los puntos externos de anclaje en «ganchos» poco confiables. El dinero, el poder, el estatus, las cosas materiales, el empleo, la pareja, todo puede cambiar o desaparecer. ¿Y cuáles serían las consecuencias?

Algunas personas movilizan fuerzas escondidas y logran adaptarse, mientras otras se aferran a los ganchos externos, resistiendo cualquier cambio en el entorno. Sus esfuerzos normalmente no logran el objetivo, porque la vida parece querer imponer ciertos cambios aun en contra de nuestra propia voluntad. Las consecuencias suelen ser muy destructivas. Todos conocemos historias de personas que se suicidan porque sus negocios quebraron, o que caen en una depresión o crisis emocional prolongada después de un divorcio o despido en el trabajo.

Pero una crisis no necesariamente es negativa. A veces, un divorcio, la muerte de un familiar o un infarto puede convertirse en el comienzo de una nueva conciencia. Nuestros fundamentos son sacudidos y nos vemos obligados a enfrentarnos con mayor sinceridad a nosotros mismos y a la vida que estamos llevando. Esto puede abrir un proceso profundo de desarrollo personal, que brinda la oportunidad de construir una seguridad interior verdadera.

Sin embargo, adaptarse a los cambios no siempre significa aceptarlos y la resistencia al cambio no siempre se debe al temor o a la inseguridad. También puede estar basada en consideraciones razonables e inteligentes porque todo cambio no necesariamente conduce a un mejoramiento. Por eso, un «no» claro a un cambio puede ser una expresión de alta autoestima.

Reconozco la necesidad humana de tener seguridad material y de depender de otras personas. Una persona con alta autoestima también se deja afectar cuando circunstancias o personas significativas en su vida cambian, pero muy pocas veces permite que el miedo, la inseguridad o la tristeza controlen su vida por mucho tiempo. Un individuo que se quiere y se respeta tiene la capacidad de recuperarse con mayor velocidad que una persona insegura, porque ve más rápido el reto y los aspectos positivos de la nueva situación.

La ley del equilibrio

"No puedes violar las leyes naturales sin pagar la pena"
—Herbert Shelton

Una planta (o cualquier organismo o sistema orgánico) necesita tener sus necesidades satisfechas para asegurar su calidad de vida. Cuando cuidamos una planta, queremos darle justo lo que necesita. Si no la regamos, muere, y si la regamos demasiado, también muere. Por lo tanto, cuando satisfacemos sus necesidades, tratamos de evitar tanto el exceso como la carencia, porque ambos extremos perjudican su supervivencia y bienestar.

Pero darle equilibrio a una planta es imposible a menos que conozcamos cuáles son sus necesidades. Tenemos que saber de antemano si es una mata de sol o de sombra, con qué frecuencia necesita agua, etcétera.

Nosotros también somos organismos. Igual que una planta, nuestro bienestar depende de la satisfacción equilibrada de nuestras necesidades. El principio del equilibrio nos ayuda a evitar los extremos. Preguntas como «¿estoy exagerando algo?» o «¿estoy descuidando alguna necesidad?» pueden ayudarnos a restablecer el equilibrio y volver a los caminos del bienestar. Pero no siempre es fácil lograrlo, porque los conocimientos que tenemos sobre nuestras propias necesidades y cómo detectar algún desequilibrio, normalmente son muy limitados. La razón es que no nos conocemos muy bien a nosotros mismos. Sufrimos de autoignorancia. Por esta ignorancia, muchas personas que buscan su bienestar utilizan el siguiente paradigma: «Lo que sé o lo que tengo es más importante que quién soy. Saber y tener es más importante que ser».

Éste es un mapa equivocado, no porque sea mentira, sino porque crea desequilibrio y malestar en la vida humana. Una persona que lo sigue, vive en los extremos, exagerando su dedicación a las necesidades materiales e intelectuales, y descuidando su parte afectiva y espiritual.

Otras personas escogen el mapa: «Mientras más pobre soy, más cerca de Dios estoy». Tampoco sirve, porque también crea una vida de extremos. Por un lado, minimizan la importancia de las necesidades materiales y físicas (incluyendo las sexuales), renunciando y reprimiendo la vida terrenal, y, por el otro, se dedican exclusivamente a la dimensión espiritual.

«Ley del equilibrio» según la antigua sabiduría hindú:

El hombre que es rico por fuera pero pobre por dentro es un hombre pobre.

El hombre que es rico por dentro pero pobre por fuera es un hombre medio rico.

El hombre que es rico por fuera y por dentro simultáneamente, es un hombre completo.

Según la «ley del equilibrio» de la sabiduría hindú, el «hombre rico por fuera pero pobre por dentro» es el materialista. Tiene dinero y posesiones materiales, pero un vacío afectivo y espiritual. El «hombre rico por dentro pero pobre por fuera» dedica su vida principalmente a la espiritualidad y el sacrificio, pero descuida o reprime su dimensión física y material. Lo ideal, según los antiguos hindúes, es ser «rico» por fuera y por dentro al mismo tiempo, es decir, vivir una vida física y materialmente cómoda, sin represión o renuncia; pero al mismo tiempo dedicar suficiente atención a las necesidades emocionales y espirituales.

El egoísmo responsable

"No conozco la llave del éxito, pero la llave del fracaso es tratar de complacer a todo el mundo"
—Bill Cosby

¿Alguna vez has visto un animal dejando pasar a otro para que coma primero? ¿O parado en una cola, esperando su turno con paciencia y respeto? Al observar su conducta, podemos concluir que los animales, por naturaleza, son extremadamente egoístas. «Yo primero», dicen todos.

Siempre hemos escuchado que ser egoísta es algo malo. Pero nuestra parte «animal», expresada en el instinto de supervivencia, es biológicamente egoísta. La diferencia entre los seres humanos y los animales es que nosotros tenemos un cerebro más evolucionado que nos posibilita «humanizar» nuestro egoísmo equilibrándolo con responsabilidad y compasión.

No es posible seguir los principios antes mencionados o utilizarlos como puntos de referencia, a menos que practiquemos el «egoísmo responsable». Parece contradictorio, pero refleja una actitud de equilibrio ante la vida. Representa el balance entre dos extremos: entre tomar y dar, o entre el egoísmo extremo por un lado, y la excesiva responsabilidad o el sacrificio por el otro. Ambos se deben a la falta de seguridad interior.

Al no estimarse, los egoístas quieren todo para sí mismos a fin de sentirse importantes y ocultar su complejo de inferioridad. No respetan ni los límites ni los derechos de los demás, y piensan que sus propias necesidades siempre son las más importantes.

Las personas extremadamente responsables creen, por el contrario, que no tienen derecho a tener necesidades o que las necesidades de los demás son mucho más importantes que las propias. No saben definir ni declarar sus límites y tienen miedo a decir «no» cuando alguien les pide un favor, porque inconscientemente guardan el miedo infantil de no ser aceptados y amados si declinan las solicitudes. Por esta dependencia a la aprobación ajena, se dejan manipular y abusar, tanto en la familia como en el trabajo, y viven asumiendo constantemente una carga exagerada de responsabilidades y compromisos. Su vida se convierte en un sacrificio agobiante.

El egoísmo responsable es una manifestación de alta autoestima. Es poner en práctica el mandamiento «ama a tu prójimo como a ti mismo». Es la conducta de la persona que conoce sus necesidades y sus límites, y que no tiene miedo de expresarlos. Al mismo tiempo mantiene una sensibilidad por las necesidades y los límites de los demás, y sabe cuándo es necesario demostrar flexibilidad y modificar o renunciar a sus propias demandas.

El egoísta responsable dice: «A veces para mí, pero no siempre para mí, y a veces para ti, pero tampoco siempre para ti». «Me cuido a mí mismo porque me quiero. Si no me cuido, no tendré nada para dar a los demás». También dice: «Tengo derecho a decir ‹no›, sin sentirme culpable» y «no tengo por qué agradarle a todo el mundo».

Derechos básicos como egoístas responsables *

- Ser mi propio juez.
- Dar razones o excusas para justificar mi comportamiento.
- Definir mi propia responsabilidad en los problemas ajenos.
- Cambiar de parecer.
- Cometer errores y ser responsable por ellos.
- Decir «no lo sé».
- Actuar sin la aprobación de los demás.
- Tomar decisiones ajenas a la lógica.
- Decir «no lo entiendo».
- Decir «no me importa».
- Rehusar peticiones sin sentirme culpable.
- No preocuparme por lo que los demás opinan de mí.
- Ser escuchado.
- Ser feliz.

* Inspirados en el libro de Manuel S. Smith (1983): Cuando digo no, me siento culpable.

Saber que tenemos estos derechos no significa que debemos aplicarlos siempre. Decir, por ejemplo, «no me importa» en cualquier momento, sería un egoísmo extremo. Por eso, como egoístas responsables, manejemos nuestros derechos con responsabilidad, tomando en cuenta a los demás y las circunstancias. En la segunda parte del libro profundizaremos en este tema.

Todo está conectado con todo

"No puedes tocar una flor sin afectar las estrellas"
—Anónimo

Según la teoría «integral», «sistémica» o «ecológica», el ser humano es un compuesto de varios elementos o dimensiones: la física, la emocional, la mental, la social y la espiritual. Todas éstas están interconectadas e influyen entre sí de una manera continua y recíproca. Por ejemplo, nuestro estado físico influye sobre nuestro estado emocional y viceversa: cuando tenemos gripe, nos sentimos deprimidos o cuando estamos deprimidos por cierto tiempo, nuestra defensa física (el sistema inmunológico) se debilita y podemos contraer una gripe u otra enfermedad. De igual modo, durante la gripe, nuestros pensamientos tienden a ser negativos. Por otro lado, cuando pensamos positivamente nos sentimos alegres y nuestra resistencia física se fortalece.

Así podemos entender por qué, si durante una enfermedad nos proponemos pensar positivamente, nuestro estado mental puede ayudar a que nos curemos más rápido. También entendemos por qué un cuerpo sano y fuerte nos ayuda a mantener la estabilidad emocional y una elevada capacidad mental con buena concentración y memoria y comprendemos que nuestra vida social y espiritual tiene una influencia sobre nuestro estado físico, emocional y mental, y viceversa.

Para completar el modelo, hay que incluir las influencias del clima y de las radiaciones cósmicas y telúricas sobre el individuo. Todos sabemos que el frío, el calor, la humedad y el viento pueden causar síntomas físicos, emocionales o mentales, o pueden agravar o mejorar ciertos dolores o enfermedades. También sabemos que demasiado sol (radiación ultravioleta) es peligroso para la piel y existen investigaciones que demuestran que nuestra tierra emite radiaciones naturales, las cuales pueden tener una influencia positiva o negativa sobre nuestra salud. Además, ¿alguna vez has sentido la influencia de la Luna sobre tu estado de ánimo?

«Todo está conectado con todo» es un excelente faro para iluminar nuestros caminos. Nos ayuda a entender que cada organismo es un sistema propio, pero al mismo tiempo es una parte de otro sistema más grande, desde el microcosmos hasta el macrocosmos, desde el mundo subatómico hasta las constelaciones estelares.

Vivir es un arte

Existen dos tipos de equilibrio, el mecánico y el orgánico. El equilibrio mecánico es estático, es decir, no se mueve, como cuando los dos platillos de una balanza se ubican en el mismo nivel.

El equilibrio orgánico es totalmente diferente. Se mueve constantemente, como el equilibrista del circo caminando sobre la cuerda. Para mantener el balance y poder avanzar, el artista se mueve de un lado a otro, porque si se queda parado sin moverse, rápidamente se cae de la cuerda.

¿Por qué tiene que moverse de un lado a otro para no caer? Bueno, porque el centro de gravedad de su cuerpo cambia su posición y, si no se mueve, la gravedad halará su cuerpo hacia un lado hasta que caiga. ¿Y por qué el centro de gravedad de su cuerpo cambia su posición? La razón es muy sencilla: ¡*la cuerda se mueve de un lado a otro*! Cuando la cuerda se mueve, el equilibrista tiene que moverse también.

La cuerda que se mueve simboliza la vida cambiante y el equilibrista moviéndose de un lado a otro representa al ser humano tratando de *adaptarse a los cambios*. Ya hemos hablado bastante sobre la adaptación al cambio. Sabemos que nuestra capacidad para adaptarnos con flexibilidad depende de muchos factores, de los cuales el más importante es la autoestima; y que la persona insegura de sí misma se paraliza y no puede avanzar sobre la cuerda de la vida porque se aferra a los ganchos externos de dinero, poder, otras personas, etcétera.

Para poder avanzar y desarrollar una vida de bienestar, hay que saber soltar y dejar ir las ataduras externas cuando la vida cambiante así lo exige. Pero esto es posible solamente si tenemos seguridad por dentro, porque con poca autoestima sentimos la necesidad de agarrarnos a lo externo para no caer. Con mayor seguridad, nos atrevemos a soltar los ganchos, nuestros brazos quedan libres y tenemos mayor flexibilidad para adaptar nuestra posición sobre la cuerda. Con alta autoestima no nos quedamos agarrados, ni paralizados en una posición extrema, sino por el contrario, somos libres para mantener el equilibrio a pesar de los cambios externos.

Sin amor propio, los faros: «el cambio permanente», «la ley del equilibrio» y «el egoísmo responsable» se reducen entonces a una teoría bonita sin aplicabilidad práctica. Mientras más alta la autoestima, mayor la capacidad de adaptación a los cambios y las destrezas para satisfacer nuestras necesidades de manera equilibrada, siendo egoístas responsables.

Esto, a su vez, requiere un alto grado de autoconocimiento. Necesitamos conocer nuestras necesidades porque como «todo está conectado con todo», no podemos exagerar o descuidar su satisfacción en una dimensión sin afectar negativamente todo el sistema. Los excesos o las carencias conducen tarde o temprano a un malestar que si no es corregido, termina siendo irreversible.

Esto significa que mientras estamos moviéndonos de un lado a otro, adaptándonos a los cambios para mantener el equilibrio, al mismo tiempo tenemos que satisfacer nuestras múltiples necesidades, evitando los extremos.

¿Te das cuenta de que vivir es un arte? ¡Para vivir en bienestar tenemos que ser no solamente equilibristas, sino malabaristas también!

El niño interior

"El niño es el padre del hombre"
—Anónimo

Este faro indica que toda la vida cargamos por dentro al niño o la niña que fuimos una vez. El «niño interior» psicológico es responsable de gran parte de nuestros patrones de conducta y reacciones asociados con la vida emocional. Al contactar y comprender a nuestro niño interior y al permitirle que se exprese, logramos sanar los daños emocionales de la infancia y aprendemos a querernos más a nosotros mismos.

El paradigma del «niño interior» utiliza el término «esencia», que quiere decir «lo más interno», «lo natural», «lo verdadero» o «lo genuino». La esencia humana se manifiesta en las denominadas *características del niño sano*: curiosidad, vulnerabilidad, sinceridad, sensibilidad, creatividad, vitalidad, espontaneidad, confianza, coraje y una gran capacidad para amar. Como veremos más adelante, la mayoría de los seres humanos tenemos una autoestima lesionada, a pesar de las buenas intenciones de nuestros padres y educadores. Durante la infancia, nuestra esencia se vio forzada a esconderse y fue reemplazada por una personalidad falsa, pero socialmente aceptada.

La inmadurez cerebral

Como niños, somos primordialmente *seres emocionales*. Comprendemos e interpretamos al mundo, a nosotros mismos y a todo lo que nos acontece de una manera emocional e ilógica porque nuestras capacidades intelectuales todavía son muy limitadas. A continuación ofrecemos unos ejemplos para ilustrar la falta de lógica en los niños.

Intenta preguntar a un niño de tres años que tiene un hermano, si tiene un hermano. Seguramente te dirá: «Sí, tengo un hermano». Luego pregúntale si su hermano tiene un hermano. La respuesta más probable será: «Que yo sepa no, yo tengo un hermano, pero no sé si mi hermano tiene uno».

En un divorcio, los niños a menudo se sienten culpables por la ruptura familiar. Esto no es lógico. Es una interpretación equivocada de la realidad, pero los niños lo *sienten* así. El mismo fenómeno lo podemos observar cuando un niño pequeño pierde a un hermano. Se siente culpable por ser la persona que sigue viviendo.

Si la madre o el padre, o ambos, pasan poco tiempo en casa porque están trabajando mucho, una posible interpretación lógica sería: «Mira como mis padres me quieren, trabajan tanto para darme a mí y a mis hermanos lo que necesitamos. Entiendo que no pueden estar conmigo porque necesitan trabajar mucho para ganar suficiente dinero». Pero un niño pequeño no tiene el cerebro desarrollado para pensar de esta manera lógica. Su realidad emocional es que se siente abandonado. Y al sentirse abandonado saca la siguiente conclusión: «No me quieren porque soy malo y no sirvo».

La memoria emocional

La inmadurez cerebral les da a los niños una interpretación de la vida completamente distinta a la que tenemos los adultos. Por eso, muchas de las cosas que decimos y hacemos en el nombre del amor pueden ser dañinas para su futuro. La razón es que las malinterpretaciones infantiles no desaparecen. Percepciones como «no me quieren porque soy malo y no sirvo» se almacenan en lo que se llama *la memoria emocional* e influirán desde allá, de una manera invisible, sobre nuestra manera de ser hasta nuestro último día. (Esto lo explicaremos mejor en la segunda parte.)

El pecado original

Aunque hay excepciones, la historia tiende a repetirse. Cuando estudiamos la interrelación que predomina en diferentes familias, podemos constatar que las mismas actitudes y los mismos patrones de conducta se repiten de generación en generación. Los hijos se asemejan a sus padres en su manera de ser. Si tienes hijos, quizás te has dado cuenta de que algunas de tus reacciones hacia ellos se parecen mucho a la conducta que tiene (o tuvo) tu mamá o tu papá hacia ti, a pesar de que a lo mejor decidiste hace tiempo que no ibas a actuar de esta manera. Y si tienes la experiencia de convivir con una pareja, seguro que has mostrado patrones de conducta que observaste entre tus padres, especialmente en situaciones de presión o conflicto.

Para mí esta herencia social es lo único que se puede llamar *pecado original*. Mientras existan padres con una autoestima lesionada que no actúen para mejorar su seguridad interior, hay una gran probabilidad de que creen para sus hijos el mismo clima familiar negativo que ellos experimentaron.

Los patrones de conducta están almacenados inconscientemente en la memoria emocional, y en muchas ocasiones, especialmente en aquellas relacionadas con la vida afectiva, no es el adulto racional el que está reaccionando o actuando, sino el niño o la niña interior.

La lógica en todo esto es muy sencilla. El niño interior inconscientemente busca lo «familiar», a pesar de que le causa dolor. Es como tratar de comprobar que lo que decidió en aquel entonces es «la verdad», para poder decir: «Mira, la realidad es como siempre he dicho: nadie me quiere y no sirvo para nada». Otros ejemplos de esto son las personas que han experimentado el alcoholismo, la violencia y otros abusos en su infancia, y como adultos buscan parejas alcohólicas, violentas o abusadoras.

Si agregamos el hecho de que el cerebro emocional es programado en un 85 por ciento a los ocho años y en un 95 por ciento al alcanzar los dieciocho, podemos apreciar el tremendo poder que tienen las experiencias infantiles sobre el desarrollo de la personalidad y nuestra capacidad para crear bienestar.

Si no me conozco, no me puedo amar

"Para ser tú mismo, necesitas tu ser"
—Soeren Kierkegaard

La conclusión que podemos sacar de todos los faros anteriores es que hay dos palabras claves para practicar el arte de vivir y generar bienestar: auto-conocimiento y *autoestima*. La primera quiere decir conocerse a sí mismo y la segunda amarse a sí mismo. Pero fíjate, la segunda depende de la primera. La autoestima es una consecuencia del autoconocimiento, porque ¿a quién vas a amar si no te conoces?

«Pero yo me conozco y yo me quiero», dirás, y la mayoría de las personas opinan lo mismo. Bueno, vamos a ver. Intenta responder las siguientes preguntas: ¿cómo sé si estoy espiritualmente equilibrado?, ¿cuáles son mis necesidades emocionales?, y ¿cómo sé si estoy satisfaciéndolas de una manera equilibrada?

O, simplemente, responde la pregunta ¿quién soy? Si tu nombre es Alejandro, responderías quizás «soy Alejandro». Pero tu nombre no es «quién» eres, porque tu nombre es una etiqueta que te pusieron. La puedes cambiar si quieres sin que tu esencia o verdadero «quién» cambie. Entonces dirás: «Soy una persona responsable». Pero esto tampoco responde la pregunta, porque «una persona» no es «quién» eres, sino «qué» eres. Y «responsable» tampoco es «quién» eres, sino «cómo» eres. Los «qué» y los «cómo» no responden el «quién». Únicamente describen características de tu personalidad y roles sociales.

¿Te das cuenta? Sigue intentando y verás que la cosa es así. Conoces muchos «qué» y «cómo» de ti mismo, pero tu «quién verdadero» se halla más allá de tu personalidad. Y necesitas encontrarte con él para poder amarte y ser tú mismo. Pero no te desesperes. Más adelante te daré un mapa sobre cómo conocerlo.

2

Paradigmas del malestar

Imagínate que te dan la oportunidad de viajar en un trasbordador espacial hasta una estación en el espacio. Allí te dan unos binoculares muy especiales que te permiten observar a todos los seres humanos simultáneamente. Los individuos parecen hormiguitas y cada uno de ellos, con la guía de unos mapas, está buscando el bienestar. ¿Qué crees que estarás viendo?: ¿que las hormiguitas están llegando adonde quieren llegar?, ¿estarás observando en este momento, en el año 2005, a una humanidad llegando cada vez más al bienestar?

Creo que no. En este momento la humanidad está viviendo el máximo malestar de toda su historia. Nunca había existido tanta desigualdad, hambre, enfermedad y miseria en este planeta. No voy a mencionar las estadísticas de las Naciones Unidas, ni voy a hablar de la destrucción del medio ambiente, porque probablemente nos lanzaríamos de algún puente. El escenario global es verdaderamente deprimente. ¿Y cómo es posible que hayamos llegado a esto, si cada individuo en el fondo desea un mundo de igualdad, prosperidad y amor para todos?

Mi interpretación es que los paradigmas que estamos utilizando para guiarnos hacia el bienestar, no sirven. ¿Qué pasaría si utilizáramos un mapa de Valencia para orientarnos en Caracas, o un mapa de Caracas del año 1935 para orientarnos en el año 2005? Por supuesto nos perderíamos. No llegaríamos nunca a nuestro destino.

Lo mismo está pasando con la humanidad. Al utilizar mapas equivocados y desactualizados se está perdiendo por los caminos del malestar y se está alejando cada vez más de sus objetivos fundamentales.

Lo que el mundo necesita, no es que todos nos convirtamos a la misma religión o que militemos en el mismo movimiento político, sino que comencemos a revisar los mapas que estamos utilizando con el fin de corregirlos y actualizarlos.

Es hora de que nos atrevamos a cuestionar las verdades tradicionales, y este trabajo puede comenzar por ti. Recuerda que no es algo que se puede hacer en masa. Es un trabajo muy individual. No en el sentido del egoísmo y el aislamiento, sino en el de la introspección y el autoconocimiento. Si cada uno lo hace, quizás habrá tiempo para llegar a una masa crítica de individuos capaz de cambiar el rumbo destructivo del mundo actual.

Con la fe basta

Cuando venimos al mundo, todos tenemos contacto directo e inmediato con la existencia y estamos equipados de una gran capacidad para maravillarnos. Por la forma en que somos criados y por la manera en que recibimos los mensajes religiosos, muchos perdemos esta pertenencia natural a la naturaleza y al universo. Nuestra curiosidad espiritual va desapareciendo y dejamos de buscar los significados profundos de los misterios porque recibimos las verdades antes de tener la oportunidad de encontrarlas por nuestros propios medios.

Nacemos sin creencias religiosas. Nadie nace cristiano, musulmán, judío o hindú. Pero nacemos en una familia o cultura que practica una religión o creencia espiritual. Cuando somos niños creemos automáticamente en las ideas y prácticas de nuestros padres, porque la inmadurez cerebral y el miedo a la autoridad no nos permiten cuestionar las enseñanzas que nos imponen. Además, cuando tenemos tres o cuatro años, nuestros padres son en peso y estatura por lo menos cinco veces más grandes que nosotros. La misma relación ahora significaría que quienes nos impondrían su verdad serían unos gigantes de aproximadamente nueve metros de altura y media tonelada de peso. Por lo tanto, si crecemos en una familia cristiana, aceptamos sin preguntas la fe cristiana, mientras que si crecemos en una familia hindú, terminamos siendo hindúes.

La autoestima se desarrolla cuando un niño se siente digno de ser amado y valorado por lo que *es* y no por lo que hace. La forma en que se transmiten las enseñanzas religiosas a los niños tiene gran influencia sobre esta experiencia de propio valor y dignidad. Cuando el mensaje religioso de amor es mezclado con conceptos e imágenes como «pecado», «culpa», «vergüenza», «castigo», infierno» y «Dios te está observando», y esta enseñanza ocurre en un ambiente autocrático y hostil, los niños no aprenden a amarse.

Afortunadamente no todos los padres, educadores o sacerdotes introducen el mensaje religioso de esta forma negativa. Pero todavía hay demasiados que lo hacen. Y no solamente dentro de la religión cristiana. He asistido a terapias de crecimiento personal con participantes de muchas culturas y religiones diferentes, y es asombroso cómo todos cargamos la misma culpa, vergüenza, temor y complejo de inferioridad como consecuencia de nuestros primeros encuentros con la religión.

¿Alguna vez te has preguntado cómo tanta miseria, sufrimiento y destrucción pueden coexistir con más de trescientas religiones que predican un mensaje de amor? Si la mayoría de las personas en el mundo pertenece a una de estas religiones, ¿por qué hay tanta carencia de amor? ¿Por qué, a pesar de tantas obras de caridad, el malestar colectivo sigue aumentando?

> *El problema no es el mensaje original de los maestros espirituales, sino cómo sus seguidores lo han modificado con sus propias interpretaciones. Padres, educadores y sacerdotes en todas las religiones, con las mejores intenciones y sin darse cuenta, están limitando nuestra capacidad para amar al prójimo, porque*

no nos enseñan primero a amarnos a nosotros mismos.

Tenemos un mundo lleno de individuos intentando amar al prójimo, pero sus esfuerzos no tienen resultados porque la mayoría está tratando de dar lo que no tienen por dentro. Es como si una persona ciega tratase de enseñarnos sobre la luz. Aunque haya estudiado todo lo que se puede saber sobre la luz, aunque sus palabras sean hermosas y cautivadoras, aunque ella misma esté convencida de que ha visto la luz, su discurso es porque no la ha experimentado por sí misma.

La fe religiosa y las obras de caridad indudablemente generan un alivio puntual para algunas personas, pero no logran transformar la memoria emocional colectiva. Por lo tanto, las estructuras de la sociedad responsables del creciente malestar han permanecido sin ser cuestionadas y modificadas.

Sólo la *experiencia* del amor propio, y no la fe, nos transforma internamente y nos hace capaces de amar al prójimo y crear un bienestar verdadero y duradero en el mundo. Si no hemos tenido esta experiencia como niños, tenemos que buscarla como adultos.

¿Quién soy? No es una pregunta importante

Un proverbio chino dice: «Quien pregunta es un tonto durante cinco minutos, pero quien no pregunta permanece tonto para siempre». Vivimos en una civilización donde el autoconocimiento no es prioritario. Muy poca gente dedica tiempo a responder la pregunta «¿quién soy?». La razón principal es que nadie nos ha dicho nunca que es importante conocernos, saber quiénes somos. Ni en el hogar, ni en el colegio, ni en la universidad se plantea la importancia de conocerse a sí mismo. La gran mayoría de nosotros creemos conocernos, pero lo que creemos conocer es sólo la superficie. No nos damos cuenta de que estamos viviendo una ilusión y un autoengaño.

¿Por qué el autoconocimiento no forma parte de la socialización del ser humano, cuando sabemos que es indispensable para su capacidad de amarse a sí mismo y a los demás? La razón es muy antigua y por ella mataron a Sócrates hace 2.500 años, a Jesús 500 años después y a muchos otros maestros que han enseñado el autoconocimiento. Sócrates decía: «Joven, ante todo, conócete a ti mismo»; y Jesús dijo: «Ama a tu prójimo como a ti mismo». Si combinamos los dos enunciados, vemos que en esencia dijeron lo mismo: «Joven, ante todo, conócete a ti mismo para poder amarte y poder amar al prójimo».

Las autoridades de Atenas arrestaron a Sócrates y lo condenaron a muerte acusándolo de subversivo y corruptor de la juventud. Él tomó un veneno en público y murió ante el llanto y los gritos de sus discípulos. ¿Qué pasó en aquel entonces? ¿Por qué los gobernantes de Atenas le temían a Sócrates? ¿Qué había de subversivo en la frase «conócete a ti mismo»?

Bueno, ¿qué podría haber pasado con estos gobernadores y políticos si la juventud de Atenas se hubiera conocido a sí misma? Por supuesto, como su poder dependía de la autoignorancia de los jóvenes, su autoconocimiento podría haberlos expuesto a la pérdida de ese poder. Sabían que un pueblo ignorante es fácil de manipular y controlar porque cree en lo que las autoridades le dicen y prometen. Pero un pueblo donde los individuos se conocen, no se puede engañar tan fácilmente, porque a éste no se le puede aplicar la *psicología de las masas* con su retórica y mensajes dogmáticos que sí es aplicable en cualquier grupo de personas cuya mayoría padece de autoignorancia, baja autoestima y miedo a la autoridad. Y lamentándolo mucho, mi percepción de la actualidad es bastante negativa. Para mí, las cosas no han cambiado mucho en los últimos 2.500 años. Los poderes principales de la sociedad, es decir, los poderes políticos y religiosos, siguen utilizando la psicología de las masas. Y por esta misma razón la humanidad sigue siendo equipada para la vida con mapas o paradigmas que excluyen la importancia del autoconocimiento.

Tú, yo y todos los demás hemos sido condicionados o psicológicamente programados para permanecer como una masa manipulable en una *cultura del miedo*. A casi nadie se le ha enseñado a ser un individuo libre y auténtico, con criterio y poder propio, porque un individuo así no se dejaría manipular. Como no tendría miedo, cuestionaría continuamente el poder y la influencia de la autoridad. Hay excepciones, es decir, individuos que recibieron una enseñanza más constructiva y también hay cada vez más adultos descubriendo sus paradigmas inútiles y haciendo un esfuerzo para modificarlos. Pero hace falta mucha más gente despierta para poder cambiar el extremo materialismo, la superficialidad espiritual y la falta de compasión que predomina en el mundo de hoy.

El niño bueno es el niño obediente

El bonsái

En Japón existe desde hace siglos una forma artística de jardinería muy especial: el arte *bonsái*. Un árbol bonsái es un árbol en miniatura creado a través de una manipulación de su espacio vital y de sus raíces. El artista reduce cada vez más el tamaño del jarrón y corta las raíces del árbol con cierta frecuencia. El bonsái es considerado un arte muy bello. Las exposiciones y competencias organizadas en todo el mundo atraen una multitud de admiradores maravillados por su belleza. Pero no es una belleza natural y auténtica.

Al estudiar, durante varios años, los métodos de crianza utilizados por diferentes culturas alrededor del mundo, he llegado a asociarlos con el arte bonsái. En sus primeros años, los niños en todas partes muestran una energía vital inagotable, una fuerte voluntad, un orgullo natural y una espontaneidad y valentía envidiables. Parece ser que una *alta autoestima* es una cualidad humana natural e innata.

Sin embargo, al observar a los niños crecer, pareciera que van desarrollando una creciente inseguridad. Comienzan a aparecer señales de *sumisión y sentimientos de inferioridad*, y antes de que entren al colegio ya han perdido gran parte de la autoestima natural, con la que empezaron la vida. La espontaneidad fresca y la expresividad valiente han sido reemplazadas por *obediencia y buenos modales*. Durante los años escolares la situación en muchos casos se empeora y cuando los niños alcanzan la adultez y se espera de ellos que sean independientes y responsables, ya sienten miedo a la autoridad, sufren de complejo de inferioridad y padecen de baja autoestima. La semilla que tenía el potencial para convertirse en un gran árbol frondoso, ha terminado como bonsái –un ser manipulado y adaptado según las ideas del «artista», un ser aparentemente bello, pero mutilado por dentro–. Así se ha creado y logrado mantener la cultura del miedo durante milenios.

Si piensas que estoy exagerando y que no te identificas en lo más mínimo con lo que acabo de decir, es posible que pertenezcas a la minoría de personas que en su infancia y juventud recibió únicamente estímulos positivos que reforzaron la autoestima y el sentido del valor propio. En tal caso, felicito a tus padres y me alegro por ti.

Sin embargo, basándome en muchos años de experiencia, me atrevo a concluir que la mayoría hemos recibido una crianza que ha debilitado nuestro amor propio. Mejor dicho, nunca llegamos a desarrollarlo o lo desarrollamos muy parcialmente. Esto es grave, porque la consecuencia ha sido la pérdida de nuestra autenticidad.

La pedagogía venenosa

La historia de nuestra cultura, y de muchas otras, muestra evidencias de que los métodos de crianza más predominantes desde hace mucho tiempo han sido los *autocráticos*. En la crianza tradicional, el niño «bueno» siempre ha sido aquel que hace caso, mientras que el niño desobediente era considerado el «malo» y expuesto a cualquier tipo de hostigamiento y castigo. La autoestima en la temprana infancia es, en realidad, tan delicada y vulnerable como una pequeña mata cuando comienza a germinar. Por lo tanto, su crecimiento depende de que reciba la protección y el cuidado adecuados. Los conocimientos de los jardineros sobre las necesidades de la planta y las maneras de cuidarla, es decir, los métodos de crianza de los padres y sus conocimientos sobre las necesidades de los niños, serán entonces decisivos en cuanto a su capacidad para estimular el desarrollo de la autoestima. La crianza autocrática paraliza el desarrollo de la semilla de la autoestima. El psicoterapeuta y ex seminarista John Bradshaw llama a esta manera de criar a los niños *la pedagogía venenosa* y considera que un niño extremadamente obediente es un niño enfermo.

La tradición autocrática nació en una época cuando la realidad humana implicaba una lucha constante para sobrevivir. La tribu o la familia necesitaban un líder fuerte y el poder fue centralizado en una sola persona, normalmente en el jefe o el padre. La obediencia ciega de todos, incluyendo los niños y las mujeres, se basaba en el miedo y era necesaria para asegurar la unidad del grupo y la supervivencia de todos. Esta estructura social ha existido en diferentes partes del mundo desde la Edad de Piedra hasta hace pocos siglos. En los últimos **150** años la sociedad ha cambiado, pero parece que los métodos de crianza y sus ideales han quedado más o menos iguales en muchos hogares. Esto quiere decir que muchos padres, sin darse cuenta, están utilizando un mapa que tiene por lo menos diez mil años para preparar a sus hijos para la vida. Creo que ha llegado la hora de actualizarlo.

Sin considerar los maltratos extremos, como abusos físicos y sexuales (aunque es deprimente con qué frecuencia siguen ocurriendo), podemos todavía observar que los métodos normales o aceptables en la educación de los niños, incluyen todo tipo de ofensas y humillaciones físicas y emocionales. Físicas como bofetadas, palizas, golpes en las manos, nalgadas, halones de orejas o cabello, etcétera. Emocionales en forma de amenazas: «El coco», «el loco», «la pelona», el diablo, el policía, la inyectadora, «entonces te dejo», etcétera; exigencias perfeccionistas: «Tienes que ser el número uno, siempre», «tienes que sacar siempre veinte», «tu cuarto tiene que tener un orden impecable», etcétera; críticas negativas: «No sirves para nada», «eres un flojo» «eres un bruto», etcétera; burla, ironía, irrespeto: «Tienes que darle un beso a la abuela», «no te pongas ese pantalón, pareces una loca», «tómate la sopa y tómatela completa», «¿de dónde sacaste esa idea tan estúpida?», etcétera; rechazos: «Entonces mami no te quiere», «no te aguanto más, eres insoportable», etcétera; comparaciones, favoritismo: «¿Por qué no eres como tu hermano?». Así como, frialdad, regaños, gritos, indiferencia, carencia de apoyo y elogio, etcétera, etcétera.

¿Cómo crees que los niños se sienten con ese trato? ¿Qué imagen crees que tendrán de sí mismos? ¿Crees que se sentirán dignos de ser amados? ¡Por supuesto que no! Todo lo contrario, su autoimagen primaria, que queda guardada en su memoria emocional, termina siendo extremadamente negativa.

Y dime, ¿de dónde viene la idea de que para ser ciudadanos respetuosos, considerados y éticos, tenemos que comernos la sopa completa, aunque no nos guste, o darle un beso a la abuela, aunque sea antipática y huela extraño? ¿Te das cuenta de la falta de respeto que nosotros adultos mostramos en este tipo de situaciones?

Un ser humano que en su hogar aprende que para ser amado tiene que obedecer siempre, será un adulto que por miedo a la desaprobación nunca cuestiona la autoridad. En Alemania, hace setenta años, la mayoría de los adultos habían sido criados con una frialdad afectiva y una firmeza agresiva a tal extremo, que cuando llegó el «loco Adolfo» todo el mundo lo seguía como robots programados. ¡Y eran robots programados! Programados para obedecer y complacer la autoridad sin criterio propio. El Holocausto no hubiera sido posible si no fuera por el condicionamiento psicológico autocrático. Pero el Holocausto no desapareció en **1945**. Observa el mundo. ¿Cuántas barbaridades y atrocidades no son cometidas todos los días todavía por cumplir órdenes? Y ¿por qué sigue esto así? Porque es la consecuencia lógica del hecho de que todavía seguimos gritando, pegando y humillando a los niños en el nombre de la buena educación. Es la consecuencia de la cultura del miedo.

A pesar de que ahora somos más conscientes de los daños a la autoestima infantil causados por los métodos autocráticos, y aunque muchos padres hoy en día tratan a sus hijos con menos severidad de la que sus padres los trataron a ellos, podemos todavía observar padres y educadores que exigen una obediencia más o menos ciega de los niños, donde cualquier protesta es considerada una falta de respeto y es castigada física o emocionalmente.

No estoy diciendo que los niños deban tener la libertad de hacer lo que les dé la gana en cualquier momento. Límites y estructuras son importantes para el desarrollo de la seguridad interior y la autoestima. Los niños también necesitan aprender destrezas sociales como la consideración y la paciencia. Pero ¿acaso no es posible hacerlo sin humillarlos o asustarlos?

Sí, es posible. Más adelante presentaré un paradigma que lo muestra. Los daños a la autoestima ocurren cuando, a causa de esta *pedagogía venenosa*, los niños terminan temiendo a sus padres (o a cualquier autoridad) y aceptando con sumisión exigencias absurdas por miedo al castigo. Como resultado, su voluntad y asertividad son reemplazadas por complejos de inferioridad y miedo a la autoridad. Las consecuencias son nefastas para el desarrollo de las destrezas sociales de poner límites, defender derechos y crear relaciones de confianza más adelante en la vida. En lo que sigue, Pedro cuenta su historia:

En mi hogar, quien llevaba los pantalones era mi madre. Sus padres —mis abuelos— eran muy religiosos, casi fanáticos, y mi madre tenía por eso cualquier cantidad de reglas estrictas. No me acuerdo mucho de mi infancia, pero lo que recuerdo no me hace sentir muy bien. Todos, incluyendo mi padre, le tuvimos miedo. Así que todos —mis hermanos, mi padre y yo— hacíamos normalmente lo que ella quería. Éramos «buenos muchachos». No entiendo cómo mi papá la aguantaba. Lo peor no fueron las palizas que recibí, o cuando tuve que arrodillarme sobre maíz crudo. Por lo menos era algo tangible, lo cual podía manejar de alguna manera. Lo peor fue la «atmósfera» o el ambiente de tensión y frialdad que nos rodeaba continuamente. Me acuerdo claramente de cómo mi mamá sabía rechazarme, siendo distante y fría. El colmo era cuando no me hablaba durante días seguidos, pretendiendo que no existía. Cuando pienso en aquella época, me veo como un pajarito chiquitito, caído de su nido, angustiado y abandonado. Como adulto me he convertido en una persona complaciente, tengo dificultades para decir «no» y temo constantemente que podría disgustar a alguien o provocar su ira.

No todo el mundo reacciona como Pedro a un ambiente autocrático. El nivel de impacto depende de muchos factores. Por ejemplo, si ambos o sólo uno de los padres ha sido severo, qué tipo de castigo se ha utilizado y con qué frecuencia, la relación con los hermanos, la constitución individual y si existían otros adultos significativos (por ejemplo, abuelos) que tuvieran alguna influencia más positiva. Además, hay situaciones fuera del hogar que pueden influir; por ejemplo, los amigos, el ambiente escolar y los medios de comunicación. ¿Cómo fue para ti? ¿Qué tal la crianza y la educación que recibiste? ¿Y en qué estado se encuentra tu autoestima hoy en día?

No

No toques
No mires
Bájate de ahí
No subas los pies en el sofá ¿no ves que lo ensucias?
No grites que despiertas a tu padre
Deja de señalar con el dedo
No digas malas palabras
Contesta y di que no estoy
No te metas en el barro
No te mojes que te resfrías y yo soy la que paga las consecuencias
No comas chicles que se te dañan los dientes
Tómate la sopa y tómatela toda
Saluda a la señora
Vete a dormir
Levántate que es tarde
Besa a tu tía
Pídele la bendición a tu abuelo
Arrodíllate y quédate callado
Rézale a papá Dios
Toma la cuchara con la derecha
No hables con la boca llena
Quítate el pelo de la cara
Nunca digas mentiras
Di en el colegio que mañana mando el cheque, porque hoy no vine a almorzar
No te metas con esa niña con cara de india
¿Ya terminaste las tareas?
Estudia
Crece
Triunfa
Triunfa niño

Luis Darío Bernal Pinilla

El amor hay que ganárselo

Otro aspecto de la pedagogía venenosa es la importancia exagerada que se les da a las destrezas sociales externas, como los modales, los resultados y la apariencia. No creo que haga daño a los niños aprender buenos modales, a asearse o a poner su mejor esfuerzo en lo que emprendan. Cierta adaptación a las normas sociales es necesaria para poder funcionar en la sociedad. Lo que sí se convierte en una influencia negativa para la autoestima es cuando los niños reciben una atención positiva *exclusivamente* cuando se comportan «bien», cuando logran buenos resultados siendo «inteligentes» o cuando su apariencia es «bella». Éste es un amor que es dado como premio y quitado como castigo, y se llama *amor condicional*.

Como niños dependemos completamente de la aceptación y el amor de los adultos para sentirnos seguros. Por esta razón estamos dispuestos a hacer casi cualquier cosa para complacer sus expectativas en cuanto a comportamiento, resultados y apariencia. De esta manera, nuestra mente infantil e inmadura comienza a asociar el recibir amor con estas destrezas externas y llega a la siguiente conclusión: «El amor hay que ganárselo. Me lo gano siendo bueno, inteligente y bello. Mientras más bueno, inteligente y bello soy, más me aman». Juan, un amigo, me contó lo siguiente de su infancia:

> *Mis padres tenían dificultades para mostrar sus sentimientos. Por eso había un ambiente emocionalmente cerrado y distante en mi hogar. Pero ponían mucha importancia en los modales y los resultados escolares. En la mesa era indispensable estar sentado con la espalda recta, no hacer ruidos comiendo, no hablar demasiado duro, no cantar, no reírse, agarrar correctamente los cubiertos y terminar el plato. Algo de esto fue, por supuesto, un aprendizaje social útil, pero lo que me hacía sufrir era el tono desagradable, irritable y frío que acompañaba estas «lecciones». No puedo recordar un almuerzo o una cena agradable.*

> *Cuando éramos invitados a alguna parte, a mi mamá le preocupaba hasta la histeria que nuestra conducta pudiera molestar a alguien. Ahora, como adulto, me sigue criticando y, a veces, cuando le cuento sobre algo que intento hacer, me hace comentarios como: «¿Qué crees que la abuela dirá sobre esto?». Mi padre era más o menos igual, sólo que se preocupaba más por los resultados escolares. Nunca se me olvida cuando le presenté la boleta del sexto grado llena de 20 y con un solo 15. Su único comentario fue: «¿Y que pasó con ese 15?», y ni una palabra sobre todos los 20. Sólo pensar en aquel momento todavía me produce rabia y tristeza.*

Cuando el amor que recibimos como niños es principalmente condicional, desarrollamos inseguridad interior. El hecho de tener que ganar el amor y *comprobar* que merecemos el afecto y la aceptación, crea un estado de vigilancia y tensión interno, porque tenemos que estar constantemente alertas para detectar las exigencias y expectativas externas.

Así, aprendemos que las necesidades de los demás son más importantes que las propias y dejamos de pedir lo que nosotros mismos necesitamos. En vez de desarrollar una confianza sólida en nuestro propio criterio, lo que termina guiándonos cuando definimos prioridades y tomamos decisiones para nuestra vida es pensar: «¿Qué es lo que los demás quieren que haga?», o «¿cómo quieren los demás que yo sea?».

Como resultado, perdemos nuestra espontaneidad y vitalidad, y nos convertimos en personas tensas, artificiales y manipuladoras por temor a la desaprobación. Un amigo lo formuló muy bien: «Comencé mi carrera política a la edad de tres años». El amor condicional es uno de los factores más importantes en la formación de las *personalidades de obediencia*:

- *La personalidad del bueno.* Tiene una consideración exagerada por las opiniones y las necesidades ajenas. Se convierte fácilmente en el «aguantador» o la «aguantadora», con la actitud de que «no se preocupen por mí, lo más importante es que ustedes estén bien y que no me reclamen nada». (En la segunda parte del libro, lo volverás a encontrar en el papel de «rescatador».)
- *La personalidad del inteligente y productivo.* Muestra una ambición agresiva y una necesidad intensa de ser el número uno. Piensa (inconscientemente) que «mientras mejores resultados y más dinero obtengo, más afecto y aceptación recibiré». Su lema es: «La vida es una lucha, y no importa a quien me llevo por delante». (Observa la personalidad de los líderes políticos en todo el mundo.)
- *La personalidad del bello.* Tiene una extrema preocupación por su apariencia física y el estatus.

Normalmente tenemos una combinación de las tres personalidades mencionadas. Por otro lado, como reacción a la carencia de afecto, un niño puede desarrollar lo contrario, es decir, la *personalidad del malo*, con etiquetas como el «malcriado», el «flojo» o el «problemático». La necesidad de atención es tan fuerte y fundamental que para este niño la atención negativa que logra obtener con su «mala» conducta (por ejemplo, decir «no quiero comer»), es mejor que ser ignorado.

Con las personalidades de obediencia, la sociedad nos recompensa con respeto, aceptación y elogio. Logramos el «éxito» y recibimos admiración. Las autoridades pueden descansar, contentos con sus «obras de arte»: bonsáis obedientes y bien adaptados por fuera, pero con un fuerte malestar por dentro.

Macho que se respeta no llora

Falta mencionar un tercer aspecto negativo de la tradición autocrática: la actitud negativa hacia los sentimientos. Y aquí fallan no solamente los padres. Me atrevo a decir que vivimos en una cultura o civilización antiemocional. ¿Cuál es la lección que aprendemos muy temprano en la vida con relación a los sentimientos? Que para recibir afecto y reconocimiento social debemos *controlarlos* o, mejor, *ni siquiera sentirlos*.

El término *emoción* deriva del latín *movere* (mover) y el prefijo *ex* (hacia afuera). La «x» fue omitida por los latinos para una mayor elegancia verbal, ya que *emovere* se pronuncia más fluidamente que *exmovere*. Esto concuerda con los antiguos chinos, quienes consideraron los sentimientos «paquetes de energía» que se generan dentro del organismo y cuyo flujo natural es desde adentro hacia fuera.

El significado sugiere que en toda emoción hay un movimiento natural

o que cada sentimiento representa una energía en movimiento o «emoción». Por lo tanto, si el movimiento natural de estas energías es obstaculizado o su expresión excesivamente controlada, su energía se acumula dentro del organismo y termina causando enfermedades psicosomáticas, trastornos nerviosos y una constante tensión interior. Nos convertimos en personas nerviosas, enfermizas o «secas», con poca alegría y energía vital.

Desde luego, como adultos, tenemos que saber manejar un cierto control emocional. Sería insoportable relacionarnos si expresáramos cualquier sentimiento en cualquier momento. Así que los niños deben aprender algo al respecto. ¿Pero dónde trazamos la línea entre un control adecuado de la expresión emocional y una represión dañina? ¿Hasta qué punto podemos permitir que los niños expresen sus sentimientos espontáneamente? ¿Y cómo poner los límites a la expresión emocional y, al mismo tiempo, resguardar la dignidad y el respeto?

Cuando la expresión emocional en la infancia es asociada con castigo, culpa y vergüenza, entramos en los caminos del malestar. Los comentarios «los hombres no lloran y no tienen miedo» o «las niñas buenas no pelean», no hacen desaparecer la tristeza, el miedo o la ira, sino que nos hacen reprimir su energía y controlar su expresión. Como consecuencia, comenzamos a aislarnos cuando sentimos algo o, peor, pretendemos que no sentimos lo que sentimos. Luego, como adultos, estamos desconectados de nuestra sensibilidad humana y tenemos dificultades para expresarnos emocionalmente, lo que a su vez complica las relaciones íntimas de confianza, tanto con nuestra pareja como con nuestros propios hijos.

El llanto

Esto queda más claro todavía si comprendemos el fenómeno del llanto. El llanto es la expresión natural cuando el ser humano siente un dolor físico

o emocional muy fuerte o cuando se asusta fuertemente. Al observar a los niños que todavía no han perdido su naturalidad, vemos que, a menos que esté ocurriendo algo muy grave, cuando terminan de llorar, siguen jugando como si nada hubiera pasado. Pero, ¿qué es lo que ha pasado? ¿Por qué cuando los niños sienten dolor o miedo les dan ganas de llorar? ¿Y por qué se recuperan tan rápido?

Esto es lo que ocurre: el dolor o el miedo provocan una serie de reacciones instintivas y automáticas en el sistema nervioso y hormonal, alterando varios sistemas fisiológicos. Por ejemplo, cuando las hormonas del estrés, como la adrenalina y el cortisol, aumentan su actividad, causan hipertensión arterial, palpitaciones y tensión muscular. Cuando el niño comienza a llorar, su cerebro reacciona con la producción de unas sustancias llamadas *endorfinas*. Las endorfinas son las «hormonas del bienestar».

Químicamente pertenecen a la familia de las opiatas, como por ejemplo la morfina, y su función es la de reducir el dolor y equilibrar de nuevo los sistemas fisiológicos alterados. Y, en efecto, esto es lo que observamos: el llanto ayuda a los niños a recuperar su bienestar.

¿Te das cuenta de lo absurdo que es decir «los hombres no lloran»? Cuando controlamos excesivamente la expresión del llanto, la perturbación del organismo se prolonga en el tiempo. Las tensiones se acumulan y el resultado es lo que ya hemos dicho: malestares de todo tipo.

El «mal carácter» de un hombre es muy a menudo causado por la represión de su tristeza durante años. La energía de la tristeza trata de salir, disfrazándose de irritabilidad e ira, que son expresiones tradicionalmente consideradas como masculinas. Pero el problema emocional del hombre no se resuelve siendo molesto e iracundo. Sus exabruptos representan desahogos de emergencia. Es como abrir la válvula de escape de una olla de presión de vez en cuando para que no explote. Pero la presión dentro de la olla vuelve a subir. La única manera de eliminar la presión es «destapar la olla», lo que se puede lograr, por ejemplo, en un proceso terapéutico.

Las mujeres que aprendieron a guardar su ira también tienen sus «ollas de presión» por dentro. Por querer ser la «niña buena», se convirtieron en aguantadoras, tragándose la energía de sus desacuerdos, resentimientos e ira. A los cincuenta años muchas de ellas están solas. Se divorciaron, quizás hace años, y los hijos ya se casaron y se mudaron. Entonces aparecen en mi consulta y me dicen: «Doctor, ayúdeme, porque sufro de depresión y angustia». No todas las depresiones se desarrollan por esta vía y a veces el único remedio que tenemos es tomar antidepresivos, pero la «terapia de gritos» sería en muchos casos la mejor medicina para estas mujeres.

El sexo es malo

La energía sexual también es una energía «en movimiento», que si no es expresada de una manera equilibrada se transforma negativamente, disminuyendo nuestra capacidad para ser felices. La historia de Ana (de treinta y cuatro años) es un ejemplo típico:

Yo fui criada en un hogar muy católico, con una disciplina religiosa muy estricta. Era evidente que mis padres tenían una vida emocional muy difícil. Especialmente mi mamá tenía vergüenza de su cuerpo. Siempre cerraba la puerta del baño con llave, incluso cuando yo era muy pequeña. No recuerdo haber visto a mis padres desnudos y nunca se abrazaron o se besaron delante de mí. Muy temprano me advirtieron que tocarse «allí abajo» era pecado y que Dios me estaba vigilando, listo para castigarme si me atrevía a hacerlo. Pueden imaginar el castigo que recibí cuando me descubrieron con los pantalones abajo junto a mi amigo Carlos. Estábamos jugando al «doctor». Teníamos cuatro años los dos. Fue una de las palizas más duras que recibí en toda mi infancia. Además, me dijeron (y me convencieron de) que si lo volvía a hacer, jamás podría entrar en el cielo. Dios me mandaría directamente al infierno. Desde ese momento dejé de tener vientre y genitales. Estoy segura de que por eso no he sabido tener una relación satisfactoria con un hombre, ni siquiera con mi esposo. No sé lo que es un orgasmo y cuando estamos juntos no logro disfrutar. Pero cumplo con mi «deber». Además, siempre me duele la espalda y me siento a menudo irritable y deprimida.

Lo que esta historia nos dice es que cuando un niño o una niña es castigado(a) por el simple hecho de ser biológicamente natural, su primer paso en la vida será un paso en la dirección equivocada, porque la sexualidad infantil es algo totalmente natural. El hecho de que los niños descubran una zona del cuerpo que da mucho placer cuando es tocada, es algo sumamente positivo para su vida. «No te toques allí» hace que los niños comiencen a alejarse de su inocencia natural. Sus instintos biológicos les obligan a repetir el placer, pero después del regaño no pueden volver a tocarse con espontaneidad y naturalidad como antes. Ahora tienen que hacerlo escondidos. Y escondido, el placer sexual infantil se mezcla con la energía negativa de la vergüenza, la culpa y el miedo. No sé lo que piensas tú, pero en mi universo esto no representa una enseñanza positiva.

La pubertad y la adolescencia traen la segunda ola de energía sexual, con cambios fisiológicos y adaptación a la madurez sexual. La biología se prepara para la tarea de procrear. ¿Qué piensas de la masturbación? ¿Es algo bueno o sano, o la palabra te hace sentir incómodo? ¿Tratas el tema con naturalidad o quizás lo consideras un pecado sucio que merece el castigo de Dios? ¿Qué fue lo que te enseñaron, que es algo que los varones hacen, pero las niñas no?

En la costa occidental de Noruega existen muchos grupos fanáticamente religiosos. Cada uno tiene una interpretación diferente de la Biblia, y cada uno pretende que su interpretación sea la única verdad o el único camino. En uno de estos grupos los varones adolescentes reciben la siguiente advertencia: «Muchachos, tocarse los genitales es un pecado capital que será castigado severamente por Dios. Pero si a pesar de esta advertencia se atreven a hacerlo, lo que saldrá de su miembro no será lo que creen, sino el líquido de su espina dorsal. Sus cerebros se secarán y se quedarán paralizados en una silla de ruedas».

¡Que barbaridad! Y esto está ocurriendo en un país supuestamente desarrollado. Imagínate si el cuento fuese verdad. ¡La cantidad de paralíticos que tuviéramos en Noruega! Esto es simplemente demasiado extremo. No parece que estuviéramos en el siglo XXI.

Luego, experimentamos el primer beso y la primera pasión, pero la experiencia está contaminada con tanta ignorancia, confusión y vergüenza que casi nos desmayamos o no sentimos absolutamente nada, y en el caso de que nos atrevamos a sentir algo, nos da terror. ¡Qué buena preparación para un matrimonio feliz!

Y después, como no conocemos muy bien nuestra propia sexualidad y no hemos tenido suficientes experiencias para saber qué es lo que nos gusta y qué es lo que no nos gusta, escogemos una pareja sexualmente incompatible con nosotros. Es así como hacemos del nuestro, un matrimonio aburrido y rutinario igual que el de nuestros padres. Y con nuestros hijos repetimos la represión, entregándola a la nueva generación para que siga repitiendo lo mismo.

Lo sé, lo sé. Sé que hemos cambiado y mejorado algo, pero mira a tu alrededor. Creo que no hemos cambiado lo suficiente. Todavía hay demasiada gente con una vida sexual reprimida e insatisfecha. O quizás muchos la han llevado al libertinaje, que tampoco sirve, porque ambos extremos nos conducen al malestar.

Lo que el ejemplo de Ana también señala es que la represión, además de producir una vida sexual insatisfecha, causa enfermedades y muy a menudo diferentes expresiones de ira, como la irritabilidad, la frustración y el mal carácter. La asociación entre la frustración sexual y la ira es muy antigua. Acaso no has escuchado el siguiente intercambio de palabras en tu oficina después de que tu jefe o tu jefa ha pasado y alguien pregunta: «¿Cómo llegó hoy?», y después la respuesta susurrante: «Creo que anoche no le dieron». ¿Con qué ánimo se había presentado tu jefe o tu jefa? ¡Por supuesto, con «frustrachera»[4]! Y es precisamente lo que sentimos cuando nuestra vida sexual no es satisfactoria: mucha rabia y mucho malestar.

Los conflictos y rechazos entre padres e hijos adolescentes, los celos enfermizos, las perversidades, la pornografía y la prostitución, los crímenes pasionales, los abusos sexuales y la mayoría de los em-

---

4 Compuesto de dos palabras, frustración y «arrechera» (versión vulgar de «rabia»).

barazos no deseados son sólo algunas de las consecuencias heredadas durante milenios de la enseñanza distorsionada de la sexualidad.

El conocido psiquiatra alemán y discípulo del famoso Sigmund Freud, Wilhelm Reich, estaba convencido de que la razón psicológica más profunda por la cual el hombre se dedica a la guerra, es la represión y la negación de la sexualidad natural. Según este doctor, la guerra es un excelente escenario donde el hombre, con impunidad absoluta, puede desahogar su energía sexual y emocional acumulada a través de su ira, aberraciones y abusos sexuales. Pero como la causa de su malestar no es corregida, la «presión en la olla» vuelve a subir y pronto tiene que inventar otra guerra.

Sexo y espiritualidad

Qué interesante que la mayoría de las guerras hayan tenido y sigan teniendo un fondo religioso. ¿Ves que el sexo y la espiritualidad están conectados? Es la misma energía. El sexo es la energía espiritual «cruda», mientras que la espiritualidad es la energía sexual «refinada». No podemos negar el comienzo y pretender llegar al final. Hay que pisar el primer peldaño de la escalera para poder alcanzar el último. Hay que vivir la sexualidad con naturalidad, sin culpa y sin miedo, para poder refinarla y transformarla en amor y compasión. Al prohibir su expresión natural o equilibrada, se imposibilita nuestra evolución espiritual.

La desconexión espiritual a través de la represión sexual, junto a la autoignorancia y el miedo a la autoridad son los fundamentos de la psicología de las masas y la cultura del miedo. Quien basa su poder en una masa obediente, sigue enseñando la represión sexual, porque así logra reforzar el embrutecimiento del individuo. Logra quitarle sus poderes creativos, dejándolo débil, dócil y conforme. Conforme con la creencia de que necesita una autoridad terrenal para indicarle por dónde tiene que caminar y un intermediario espiritual para conectarse con Dios. Es un robot programado y un bonsái fácil de manipular. ¿Hasta cuándo vamos a seguir así?

El doctor Reich dice que un hombre sexualmente satisfecho no tiene ningunas ganas de salir a matar a otro, está totalmente contento, relajado y «livianito». (Además, acaba de «matar».)

El éxito es lograr las metas

Tengo casi veinte años preguntando a los participantes de mis cursos «¿qué es el éxito?». La gran mayoría todavía responde que el éxito es «lograr las metas». A continuación veremos que esta definición nos crea problemas.

Si te pregunto ¿en el tiempo, dónde están tus metas?, seguramente me responderías «en el futuro». Estoy de acuerdo. Para llegar a las metas hay que recorrer el camino desde donde estamos ubicados ahora, es decir, el presente, hasta donde están en el futuro. Al observar a las personas y buscar el éxito con este mapa, podemos registrar varios escenarios posibles:

Primer escenario: por querer llegar lo más rápido posible, recorren el camino apurados, angustiados y desesperados, y cuando finalmente alcanzan sus metas, están tan agotados, estresados, desequilibrados y enfermos que no tienen ni capacidad, ni energía para disfrutar el «éxito» logrado.

Segundo escenario: quizás no llegan tan agotados, pero en el momento de llegar, en vez de disfrutar sus logros, inmediatamente se fijan nuevas metas, y al llegar a aquéllas, otras nuevas, y así sucesivamente. Es como si trataran de alcanzar el horizonte. Inténtalo una vez. La próxima vez que vayas a la playa, móntate en un bote (preferiblemente con motor, porque si no, tendrás que remar) y ve si puedes acercarte al horizonte. Verás que es imposible. Verás que la distancia entre tu bote y el horizonte siempre permanecerá constante. Y así viven estas personas, buscando el horizonte. Desde luego, tarde o temprano, también terminan frustradas y agotadas.

Tercer escenario: que en el camino entre el ahora y las metas suceda un pequeño detalle: ¡la muerte! Hay personas que mueren antes de haber logrado sus metas, ¿verdad? Entonces, según su definición del éxito, terminaron sus vidas como fracasados.

> *Hay que redefinir el éxito.*
> *Si la muerte existe, el éxito no puede ser «alcanzar las metas».*

«El éxito es lograr las metas» es un mapa que no sirve para el bienestar. Crea angustia, estrés y enfermedades en una vida enfocada en lo que nos falta. Además, corremos el riesgo de terminar la vida como los pacientes de un amigo psicólogo estadounidense. En sus terapias de grupo, los participantes son todos multimillonarios (¡en dólares!). No niego que un millón de dólares pueda aumentar nuestro bienestar en algún momento. Sin embargo, estas personas tienen un problema grave, les quedan de tres a seis meses de vida porque sufren de cáncer terminal. Mi amigo dice que muchas de ellas tienen dos preocupaciones principales: primero, que toda la vida han estado trabajando dieciocho horas al día, pendientes de sus inversiones en la bolsa de valores, almacenando, cuidando y protegiendo cada vez más su riqueza material. Ahora, sin embargo, se han dado cuenta de que no podrán llevarse ni un centavo. Segundo, que cuando reflexionan sobre la vida que han llevado, muchos están arrepentidos. No por lo que vivieron, sino por lo que dejaron de vivir.

La vida es una lucha

Cuando nos encontramos con algún amigo o amiga en la calle y le preguntamos cómo está, con bastante frecuencia nos responde «aquí, en la lucha por la locha»[5]. Lo que quieren decir con esto es, por supuesto, que se están esforzando para lograr sus metas.

---

5 Venezolanismo. La «locha» es una denominación monetaria venezolana.

La idea de que la vida es una lucha está muy relacionada con el paradigma anterior y, además, con el aprendizaje de que «el amor hay que ganárselo». Y cuando nuestros padres u otras autoridades, con mucha seriedad y orgullo nos contaron sobre sus diferentes «luchas» para alcanzar sus logros, aceptamos sin preguntas la verdad de que la vida es una lucha.

Nuestro subconsciente es una cosa seria, porque tiende a crear reacciones emocionales asociadas con las palabras que utilizamos. ¿Cuáles crees que son las reacciones asociadas con la palabra *lucha*? No muy agradables, ¿verdad? Se me ocurren palabras como tensión, estrés, conflicto, violencia, angustia y malestar.

Qué bueno que hemos descubierto la libertad y el poder para interpretar el misterio de nuevas maneras. En este caso, el cambio en el paradigma no será muy grande. Sólo tenemos que sustituir una sola palabra. Pero te puedo asegurar que este pequeño cambio verbal podría mejorar tu vida considerablemente.

Cuando un padre se queda solo

No sé en qué momento el tiempo pasó,
ni a qué hora mi hijo creció.
Sólo sé que ahora es todo un hombre,
y que en su vida... ya no estoy yo.

Era muy joven cuando mi hijo nació,
todavía recuerdo el momento en que llegó.
Pero mi trabajo el día me ocupaba,
y no me daba cuenta de que el tiempo pasaba.

No supe en qué momento aprendió a caminar
ni tampoco a qué hora comenzó a estudiar.
No estuve cuando cambió sus dientes
sólo me ocupé de pagar las cuentas.

Pedía que le consolara cuando se «aporreaba»,
o que le ayudara cuando su carro no caminaba,
pero yo estaba ocupado, debía trabajar,
y así sus problemas no podía solucionar.

Cuando a casa llegaba insistía en estar conmigo,
«Papi ven... yo quiero ser tu amigo... »,
«Más tarde, hijo, quiero descansar».
Y con estas palabras me iba a reposar.

Ojalá atento hubiera escuchado
cuando al acostar y dejarlo arropado,
suplicante me insistía con ruegos y llantos,
que me quedara a su lado, que estaba asustado.

Ya no hay juegos que arbitrar,
tampoco hay llantos que consolar.
No hay historias que escuchar,
peleas que arreglar, ni rodillas que remendar.

Ya no hay trabajo, ya no estoy atareado,
no tengo qué hacer, me siento desolado.
Ahora soy yo quien quiere estar a su lado,
y es mi hijo quien vive ocupado.

Un distante abismo me separa de mi hijo,
poco nos vemos... no somos amigos.
Los años han volado, mi hijo se ha marchado,
y mi continua ausencia solo me ha dejado.

No sé en qué momento el tiempo pasó
ni a qué hora mi hijo creció.
Ojalá pudiera volver a nacer,
para estar a su lado y verlo crecer.

Autor anónimo

3

Paradigmas del bienestar

Nadie utiliza un paradigma del malestar a propósito. Nuestra inconciencia e ignorancia de la cultura del miedo es responsable del hecho de que la humanidad siga repitiendo sus patrones destructivos. Por lo tanto, hasta que no nos demos cuenta y seamos conscientes de lo que estamos haciendo, no tendremos el poder para mejorar las cosas.

Es hora de que cambiemos juntos los paradigmas del malestar. Si nuestra meta es crear individuos con alta autoestima, creatividad y criterio propio, capaces de generar prosperidad y bienestar para sí mismos y los demás, tenemos que dejar atrás la disciplina militar, la frialdad emocional, el amor condicional y la represión sexual.

El darse cuenta es el primer paso hacia la liberación, porque posibilita la elección de nuevos comportamientos.

Los paradigmas del bienestar nos ayudarán a reubicarnos en el terreno de la vida y nos guiarán por caminos más positivos. Con ellos reconquistamos nuestra autoestima, dejamos de ser bonsáis y nos convertimos en árboles frondosos.

Con la experiencia basta

"No somos seres humanos que tienen una experiencia espiritual, sino seres espirituales que tienen una experiencia humana"
—Teilhard de Chardin

La máscara

El teatro jugaba un papel importante en la antigua cultura griega. En los dramas griegos, el público nunca veía la cara de los actores porque todos llevaban máscaras. El título profesional del actor era *persona*, porque *per* significa en griego «a través de», y *sona*, «sonido». «Sonido a través de una máscara» era lo que el público recibía. De esta manera, *persona* y *máscara* llegaron a ser sinónimos.

Hoy en día, cuando un actor nos presenta un *personaje*, tampoco muestra su «cara original». El personaje cubre la identidad verdadera del actor como una máscara invisible y si no nos damos cuenta, decimos que es un excelente actor.

Nacemos con algunos rasgos de carácter y temperamento, pero, como vimos anteriormente, nuestra *personalidad* como adultos es en gran parte el resultado de las experiencias que tuvimos como niños. En el «drama» de nuestra infancia, comenzamos la obra mostrando nuestra cara original. Pero las reacciones negativas del público nos hacían entender que querían otro personaje, con otra cara. Para complacer, probábamos varias máscaras hasta que el público comenzó a aplaudir y nos dejamos puesta la que causó el máximo aplauso. Esa quedó pegada y es ahora el personaje o la *personalidad* que presentamos al mundo. La personalidad, entonces, no es auténtica, sino que representa un ser adaptado y falso. Es una máscara cubriendo nuestro verdadero ser.

Las preguntas que podemos hacernos son las siguientes: ¿qué pasó con el niño sincero, vital y curioso de aquel entonces? ¿Qué pasó con la espontaneidad y alegría natural que tenía? ¿Es mi personalidad auténtica o es una máscara? Y si es una máscara, ¿quién es el actor? ¿Quién soy si dejo de actuar?

La pregunta ¿quién soy si me quito la máscara? sólo tiene sentido si nos damos cuenta de que estamos actuando. El problema es que nos hemos olvidado de que nos colocamos la máscara y estamos tan acostumbrados a ella que cuando nos miramos en el espejo estamos convencidos de que lo que se refleja allí es nuestra cara original.

Buscar la respuesta a estas preguntas nos convierte en revolucionarios y rebeldes. Pero no en rebeldes destructivos. Es una *revolución interior* muy constructiva en la cual cuestionamos y retamos las influencias autocráticas que nos obligaron a crear nuestro ser falso y que siguen reforzándolo con la psicología de las masas.

La base de la ética

Responder a la pregunta «quién soy yo» significa desatarnos de las influencias negativas del pasado y liberar el niño auténtico que llevamos dentro. Esto es un proceso de liberación emocional, pero, además, un trabajo profundamente espiritual. *Al conocernos, aprendemos a amarnos*, porque al descubrir que nuestra cara original *es infinitamente bella, maravillosa y digna de ser amada*, perdemos los complejos y miedos infantiles, y nos transformamos en adultos cada vez más amorosos.

El individuo que se conecta con su esencia en este sentido profundo y espiritual, no necesita políticos, ni organizaciones religiosas para crear bienestar. Será automáticamente un ser del bien, tratando al otro como él quiere ser tratado. Sin máscara, su comportamiento hacia los demás y su manera de organizar la sociedad reflejará el amor y el respeto que siente por sí mismo. *Esto es la verdadera base de la ética humana.*

El camino espiritual es entonces un camino hacia dentro, donde experimentamos nuestra propia divinidad y establecemos de nuevo la conexión de confianza con el universo. De esta forma somos capaces de cumplir con la misión existencial: convertirnos en verdaderos «hijos de Dios».

Pero con la fe no basta para lograrlo, porque la fe no nos ayuda a conocernos espiritualmente. Nuestras creencias no eliminan la autoignorancia, sino crean la ilusión de que nos conocemos y de que somos capaces de amar. Pero *creer saber* amar no es saber amar. Sólo la *experiencia* de nuestro ser divino nos *transforma* en seres de amor.

¿Quién soy?
Es la pregunta más importante en la vida

"Ante todo, joven, conócete a ti mismo"
—Sócrates

El salón de los espejos

«Espejito, espejito, ¿quién es el más bello en este reino?» es la pregunta de cada ser humano al nacer. Y la respuesta que recibe impactará profundamente toda su vida porque será la base de su autoimagen y autoestima.

Al nacer y en los primeros años de nuestra vida estamos rodeados de espejos cuya función es la de reflejarnos para responder la pregunta. Las respuestas que recibimos, es decir, las imágenes que observamos, nos enseñarán poco a poco si quien somos es digno de ser amado o no.

Si los espejos son lisos y limpios, logran reflejar imágenes auténticas de nosotros mismos, pero ¿qué pasaría si fueran defectuosos o sucios?

Los primeros espejos

Los espejos eran nuestros padres y los demás adultos significativos en nuestra infancia, y las imágenes y respuestas eran sus opiniones y actitudes hacia nosotros. Estas personas fueron las que, a través de sus palabras y lenguaje corporal, nos hicieron saber quienes somos.

Para la mayoría de nosotros, los primeros espejos eran los ojos de nuestra madre. En sus brazos, cuando mirábamos aquellas profundidades infinitas, estábamos esperando la misma respuesta: «Tú eres el más bello». Eso era lo que necesitábamos escuchar, pero lamentablemente, las imágenes que observamos eran muchas veces distorsionadas y no lograban reflejar la imagen auténtica y positiva de nosotros porque los espejos tenían desperfectos.

Los ojos de nuestra madre no eran lisos y limpios, y las respuestas que percibimos eran, en el mejor de los casos, sólo parcialmente positivas. Muchas veces eran muy negativas. Y no porque nuestra madre fuera «mala» o porque no nos quisiera. Todo lo contrario, ella deseaba lo mejor para nosotros. Sus ojos no podían ser espejos perfectos porque su desconocimiento de muchas cosas, sus paradigmas desactualizados y su propia memoria emocional los «ensuciaban». Lo que vimos allí eran imágenes deformadas que no reflejaban nuestro verdadero ser. Pero terminó siendo nuestra autoimagen porque nuestra mente infantil asumía que lo que veía era el «auténtico yo».

La autoimagen

Mientras mejor se sienten los adultos consigo mismos y con su vida en general, más perfectos serán sus espejos y mayor autenticidad tendrán sus imágenes. En otras palabras, mientras más se amen los adultos a sí mismos, más capaces serán de hacer sentir a los niños que son seres intrínsecamente buenos y, por eso, dignos de ser amados por el simple hecho de existir.

La autoimagen negativa la «archivamos» en nuestra memoria emocional y, al ser cubierta por la máscara de la personalidad, podemos vivir toda la vida sin darnos cuenta de ella.

Las experiencias trascendentales

En el faro «si no me conozco, no me puedo amar», vimos que no es tan fácil responder la pregunta ¿quién soy?, y que los «¿qué soy?» y los «¿cómo soy?» sólo describen características de nuestra manera de ser y roles sociales, y que el «quién verdadero» se encuentra más allá de la personalidad. También prometí darte un mapa que te ayudaría a encontrar tu ser auténtico. Bueno, aquí lo tienes:

Podemos hablar de varios «seres»: el ser físico y material, el ser mental e intelectual, el ser emocional, el ser social y el ser espiritual. Reflexionando sobre la pregunta ¿quién soy?, nuestra mente trata de responderla. Con los «qué» y los «cómo» logra describir bastante bien el ser físico, mental, emocional y social. Pero al tratar de definir el ser espiritual, sus capacidades intelectuales se agotan porque es imposible describirlo con palabras.

Entonces, ¿cómo podemos conocernos espiritualmente si no es por medio de la mente intelectual? Este mapa indica que el autoconocimiento espiritual se adquiere a través de las *experiencias trascendentales*. Éstas son experiencias, no pensamientos o creencias, más allá de la mente. La idea de que existe un proceso de aprendizaje que no es de la mente, es difícil de comprender para nosotros en el mundo occidental. Nuestros filósofos y científicos siempre han «comprobado» que el pensamiento intelectual es el único medio válido para obtener conocimientos acerca de «la verdad», incluso en el mundo espiritual. Aristóteles fue el creador de las primeras teorías de la lógica; Descartes decía *cogito ergo sum* («pienso, luego existo») y Newton nos convenció de que la mejor forma de entender el universo era concibiéndolo como un reloj o una máquina. Hay mucha gente que todavía considera verdaderas únicamente las cosas científicamente comprobadas.

Pero el paradigma de que las experiencias trascendentales son un camino hacia el conocimiento espiritual ha existido en China, India y otros países orientales durante por lo menos cinco mil años. Quizás me dirás que no le han servido para mucho, porque en estos países la mayoría de la gente vive en malestar. Esto es verdad, pero en este caso no es «culpa» del mapa. La razón es que los líderes políticos y religiosos han escondido el mapa de la trascendencia, reemplazándolo por los mapas de la cultura del miedo, porque no les conviene que la gente se conozca espiritualmente.

¿Qué podemos decir de la experiencia trascendental? No mucho. Pero se parece al orgasmo. En el orgasmo, la mente se queda «en blanco» por un instante. Así que el sexo es intrínsecamente espiritual, porque nos da una miniexperiencia del silencio mental y por un momento nos hace sentir uno con el universo. Es como una gota de agua cuando cae en el océano. Sigue siendo agua, pero deja de ser una gota separada. Ahora está disuelta en el todo. Cuando los maestros orientales hablan de la «muerte del ego», se refieren a esto. Ellos dicen que el obstáculo principal para conocernos a nosotros mismos es nuestra idea mental de ser un «yo» separado. En la experiencia trascendental, donde todo pensamiento, idea o imagen desaparece, el ego mental deja de existir, lo que nos hace fusionar con el universo y experimentar nuestra verdadera esencia.

Como no es mental, la experiencia trascendental no se puede describir muy bien con palabras. No es que la persona que la tenga vaya a saludarnos y a decir: «Hola, amigos. Hoy tuve mi primera experiencia trascendental, así que ahora les voy a decir quién soy». Pero te aseguro que si fuera una persona conocida la que la tuviera, todos nos daríamos cuenta de que algo le acaba de pasar, porque sería una persona diferente. Tendría una mayor capacidad de mostrar las características de un niño sano. Sería más espontáneo, alegre, sincero, creativo y amoroso. Además, no tendría miedo a la autoridad, dejaría de ser un fanático religioso o político y actuaría con más respeto, justicia y compasión. Sería un creador de bienestar.

Suena bien, ¿verdad? ¿Y ahora puedes entender por qué las personas que te transmitieron las enseñanzas religiosas nunca te hablaron de esta experiencia?

Cómo llegar al «ser verdadero»

Entonces nos queda indicar cómo llegar a las experiencias trascendentales. Aunque existe la posibilidad de vivirlas espontáneamente, la gran mayoría de nosotros tiene que hacer un esfuerzo para tenerlas. El método tradicional para trascender la mente es *la meditación*. Su objetivo es precisamente crear el estado «nomente» o «silencio mental». Cuando la mente está en silencio, logramos experimentarnos a nosotros mismos y a la existencia como un todo sin la contaminación de las interpretaciones y programaciones mentales. De esta manera, la transformación ocurre por sí sola.

El problema es que la memoria emocional causa hiperactividad mental y hace muy difícil que se logre el silencio mental. La mente está siempre «a millón» porque pensar permanentemente es otro mecanismo de defensa que aplicamos para no sentir dolor emocional. Nos hemos convertido en «adictos al pensamiento», porque mientras estamos ocupados pensando, no sentimos el malestar interior.

Así que la meditación se hace difícil a menos que hagamos algo para limpiar nuestra memoria emocional. El método para lograrlo es *la psicoterapia*. La probabilidad de adquirir el autoconocimiento espiritual a través de las experiencias trascendentales es mayor si combinamos la meditación oriental con la terapia occidental. En el próximo capítulo hablaremos sobre la meditación y la terapia con más detalles.

Los piratas

Muchas personas meditan, participan en terapias y parecen ser seres espiritualmente muy evolucionados porque manejan todo el vocabulario esotérico de la «nueva era». Nos hablan de los siete cuerpos, los chakras, el aura y la reencarnación. A primera vista parecen ser personas equilibradas y amorosas, pero al interactuar con algunas de ellas nos damos cuenta de las incongruencias entre lo que predican y lo que practican. Pretenden haber experimentado la trascendencia, pero la transformación interior no ha ocurrido. Simplemente han reemplazado la máscara vieja por una nueva, la de la última moda. Detrás de ella permanecen el miedo, la rabia, la envidia y la prepotencia.

Hay que manejar todo esto con un escepticismo sano. Hay muchos «piratas» haciendo negocio con nuestro dolor emocional y nuestra búsqueda espiritual. Mi recomendación es que te dejes guiar por tu propio olfato o intuición. Si las personas que te enseñan la meditación o los terapeutas que conducen tu terapia no te dan confianza, busca otros. Por otro lado, no dejes que tu escepticismo o incredulidad paralice tu curiosidad. Hay que «meterse» para hacer las experiencias. Si te equivocas, simplemente considéralo como un aprendizaje valioso y sigue buscando.

El niño bueno es a veces desobediente

"Necesitamos cuatro abrazos diarios para vivir, ocho abrazos diarios para el mantenimiento, y doce abrazos diarios para crecer"
—Virginia Satir

Todos los niños buscan por naturaleza seguridad y protección en sus padres. Son como matas pequeñas con tallos muy flexibles que pueden doblarse si no encuentran el «tutor» de madera que les dé apoyo. Las reglas y normas en el hogar deberían tener esta misma función. Los padres deben «tutorear» a sus hijos, dándoles firmeza y apoyo simultáneamente. La manera agresiva de poner límites no logra crear esta sensación de seguridad y apoyo. Por el contrario, las «plantas» se ven aplastadas por la estaca, se ven obligadas a doblarse para sobrevivir y, en vez de transformarse en árboles frondosos, se convierten en bonsáis.

Hay padres que van al otro extremo y dejan a sus hijos totalmente libres, sin ningún límite. Esta permisividad es más dañina todavía, porque crea inseguridad, confusión y hasta enfermedades mentales en los niños.

El reto que tenemos como padres es entonces aprender cómo aplicar firmeza y poner límites a nuestros hijos sin utilizar agresividad, hostilidad

o frialdad.

La firmeza respetuosa

Es falso creer que la firmeza tiene que ser acompañada por amenazas y castigos agresivos para que los niños aprendan. La firmeza respetuosa y cariñosa representa un equilibrio entre la agresividad y la permisividad.

En la psicología se llama *asertividad*, y es el método que logra el objetivo: los niños aprenden poco a poco lo que significa respeto, consideración y responsabilidad, pero sin el efecto nocivo de la agresividad. Mantienen su dignidad y saben que son amados aunque no siempre son perfectos u obedientes. Nunca pierden la sensación de ser amados, ni siquiera cuando son castigados.

Digo «poco a poco» porque es importante no exigir de los niños pequeños una inteligencia adulta. Su inmadurez cerebral no les permite entender y actuar como adultos.

El problema es que para lograr castigar a un niño sin que se sienta humillado y asustado, nosotros, adultos, necesitamos mejorar nuestra propia autoestima. Necesitamos sentirnos internamente bien con nosotros mismos, porque la carga emocional del pasado contamina nuestra conducta hacia los niños.

Mucha gente me pregunta cómo ser mejores padres. Mi respuesta es: «Aprende a amarte». Porque ¿cómo podemos modelar lo que es amor y respeto si no nos amamos y respetamos a nosotros mismos? Esto no significa que tengamos que ser perfectos. Vamos a seguir «metiendo la pata», pero comencemos, por ejemplo, por pedir perdón a nuestros hijos cuando nos demos cuenta de esto. Es bueno para ellos experimentar que sus padres también son seres humanos falibles. Y su capacidad de perdón es ilimitada.

Anita es una persona con mucho bienestar en su vida. Su historia indica el porqué:

> *Nunca he dicho que mi infancia fue perfecta. En los primeros años pasé por situaciones muy traumáticas. Con dos años me enfermé gravemente y tuve que pasar meses en el hospital, la mayor parte sin la compañía de mis padres. Cuando tenía cinco, mi hermana murió. A pesar de todo esto, sé que recibí algo sumamente valioso de mis padres que me ha ayudado a sentirme segura de mí misma toda la vida. Esto fue su gran capacidad de ser respetuosos y de expresar abiertamente sus sentimientos, tanto entre ellos, como hacia mí. A veces peleaban, pero nunca vi que guardaran resentimientos o que pasaran «facturas». Poco tiempo después los podía observar abrazándose y pidiendo perdón. Lo mismo hicieron conmigo. Luego de una discusión, siempre terminábamos hablando sobre lo sucedido y dándonos un abrazo. Mis padres no eran perfectos. A veces me amenazaron, me hirieron o decepcionaron, pero se daban cuenta y rápidamente me abrazaban y pedían perdón. Nunca llegué a sentir que su amor podría desaparecer si no obedecía o cuando no me dejaban hacer lo que yo quería. Cada año que pasa, me siento cada vez más agradecida por este regalo.*

Soy amado sin hacer nada

"Puede haber una gran diferencia entre ser amado y sentirse amado"
—Dorothy C. Briggs

Estoy convencido de que todos los padres aman a sus hijos y desean su felicidad, y de que aquellos que utilizan el estilo autocrático y el amor condicional tienen las mejores intenciones al hacerlo. Los niños son indudablemente amados por estos adultos. El problema es que aunque lo son, *no se sienten amados, sino asustados.* Y como los niños pequeños no son seres pensantes todavía, sino seres emocionales, *el amor que no se siente, no existe* para ellos.

El método para lograr que un niño se sienta amado se llama *amor incondicional.* Abrazar a un niño y decirle «te quiero, hijo», especialmente *cuando no hay ninguna razón particular para decírselo,* lo hace sentirse amado por *lo que es,* independientemente de su comportamiento, resultados o apariencia física. Esta manera espontánea de expresar el afecto enseña a los niños a considerarse individuos únicos y dignos de ser amados *por lo que tienen por dentro.* Ésta es la experiencia básica para aprender a quererse a sí mismo.

Pero no podemos dar lo que no poseemos. Si nosotros cuando éramos niños no recibimos amor incondicional, entonces no habremos aprendido a querernos a nosotros mismos. Como resultado, tenemos limitaciones en nuestra capacidad para amar incondicionalmente a nuestros hijos porque, como ya hemos dicho, el malestar proveniente de nuestra memoria emocional contamina nuestras reacciones, causando con esto irritabilidad, impaciencia y agresión.

Lo importante es enseñar a nuestros hijos que no tienen que *hacer* algo para recibir el amor. No se necesita ganar el amor. Pero hay otras cosas en la vida que ellos definitivamente tienen que ganarse. La nueva bicicleta, el juego de video, el viaje u otros beneficios y libertades no deberían ser gratuitos.

Y es ahí donde dirigimos nuestras negociaciones para poner límites o definir castigos, aplicando la asertividad. La agresión y la hostilidad no hacen falta, porque la pérdida de las cosas o privilegios normalmente duele lo suficiente como para que nos hagan caso.

Sin embargo, con los niños pequeños tenemos que mostrar mucha más paciencia y nuestra asertividad tiene que ser más física que intelectual, porque ellos todavía no están mentalmente preparados para comprender nuestras reglas. En el capítulo 4 de la segunda parte volveremos a hablar de este tema.

Macho que se respeta sí llora

El paradigma del machismo ha dejado a gran parte de la humanidad masculina emocionalmente castrada. Demasiados hombres son incapaces de establecer relaciones íntimamente afectivas con sus parejas e hijos, debido a que su corazón está cerrado.

Nosotros, hombres, necesitamos un «movimiento de liberación masculina». No para reclamar los derechos y poderes del mundo externo, sino para reconquistar el derecho a llorar y expresar los sentimientos. Tenemos que modificar el paradigma de la masculinidad para incluir la expresión de ternura y compasión. Si no, seguiremos produciendo hombres desequilibrados y agresivos.

El crimen que se ha cometido y que se sigue cometiendo con el mapa de la represión de los sentimientos es más evidente todavía si consideramos un descubrimiento científico reciente: se ha comprobado que cuando los hombres lloran, no solamente producen más endorfinas, sino también más testosterona. ¡Y más testosterona significa más potencia sexual!

¡Caramba, qué excelente razón para llorar! Así que el paradigma actualizado en lo que se refiere a la expresión de los sentimientos es el siguiente: «¡Macho que se respeta sí llora, y bastante!». Olvídate del Viagra y ponte a llorar, hombre; y mujeres: la pareja ideal es el «llorón».

El sexo es bueno

"El psiquiatra de la prisión me preguntó si yo pensaba que el sexo era sucio. Le dije: «Sólo cuando se hace correctamente»"
—Woody Allen

No queremos ni represión, ni libertinaje. Queremos un mapa que nos enseñe una sexualidad *natural*. Lo natural, si no es alterado por el hombre, es normalmente equilibrado y está al servicio del bienestar.

Claro, el impulso sexual forma parte del aspecto «animal» del ser humano porque es una función instintiva del cerebro básico reptil. Pero la sexualidad natural no significa soltar al animal y dejarlo suelto para que siga sus impulsos indiscriminadamente. Como humanos, podemos «domesticar» al animal, es decir, aprender a manejarlo y, hasta cierto punto, controlarlo. Pero como hemos visto, el miedo, la culpa y la vergüenza son frenos muy negativos para el impulso instintivo.

Mi sugerencia es, en primer lugar, que dejemos a los niños pequeños tranquilos con su sexualidad infantil. Cero comentarios negativos a los niños, por favor. Debemos respetar su zona íntima y ayudarles a entender que lo que está pasando es a favor del bienestar. En segundo lugar, creemos una enseñanza para los adolescentes donde asociemos el impulso sexual con el afecto, la consideración, el respeto y la responsabilidad. Cómo hacerlo en detalle sería un excelente tema para otro libro. ¿Te animas a escribirlo? En todo caso, primero tendrías que «desenrollar» los posibles «nudos» de tu propia sexualidad.

La sexología taoísta

Para que veas que hay muchas maneras de entender la sexualidad, aquí tienes un paradigma chino.

Los antiguos chinos decían que el hombre posee un solo poder en la existencia: el poder de satisfacer sexualmente a su mujer. Si no sabe satisfacer a su mujer, no tiene ningún poder en su vida, independientemente del dinero, poder social o estatus que tenga. Además, la función de la mujer en el acto sexual no es la de satisfacer al hombre, sino la de dejarse satisfacer por él. La responsabilidad de la satisfacción sexual de ambos descansa entonces en el hombre, porque su propia satisfacción se deriva del hecho de que logre satisfacerla a ella. En el coito, la meta del hombre entonces no es la eyaculación, sino los múltiples orgasmos de su mujer.

Los chinos utilizan una metáfora para explicar esto: el hacer el amor es como cuando la mujer va a un restaurante donde su hombre es el mesonero. La mujer pide ¡nueve! platos y el mesonero tendrá que servirle los nueve platos completos para satisfacerla. Por ignorancia, muchos mesoneros no copian bien el pedido, o por estar apurados para terminar su turno y poder irse a descansar, sirven sólo el primer plato. Como resultado, las mujeres quedan insatisfechas, esperando los ocho platos faltantes.

Bueno, esto era hasta hace poco. Porque ahora, muchas mujeres se han dado cuenta de la «trampa» y simplemente optan por llamar a otros mesoneros para que las sigan sirviendo. Así que, mis queridos hombres, hay que ponerse las pilas. ¡Tenemos que actualizarnos!

El dilema

El dilema fundamental entre las mujeres y *los hombres es que los hombres siempre quieren, pero no siempre pueden, mientras las mujeres siempre pueden, pero no siempre quieren.*

Existen muchas técnicas para cambiar esto. Aplicándolas es posible lograr que los hombres siempre puedan y que las mujeres siempre quieran. Bueno, quizás no «siempre», pero por lo menos más a menudo.

El sexo más fuerte

La energía sexual más poderosa no es la masculina, sino la femenina, expresada en su capacidad de tener múltiples orgasmos y de dar a luz. (El hombre lo sabe, pero no le gusta aceptarlo, porque lo hace sentir inferior. Para negar y evadir esta realidad, ha oprimido a la mujer por milenios.) Adicionalmente, la energía masculina es más genital que la femenina. La zona erógena de la mujer incluye prácticamente todo su cuerpo, mientras que la del hombre está más concentrada alrededor de sus genitales. Por eso, el hombre debería saber que para excitar a una mujer, ella necesita ser estimulada en todas partes y por mucho tiempo. El amor sufre cuando el hombre termina sin haber satisfecho a la mujer. Por otro lado, la mujer debería superar la timidez o las inhibiciones hacia el hombre.

La técnica

Hacer el amor es un arte e implica un intercambio físico y emocional muy profundo. En cierto sentido es como si se creara un circuito de energía entre las dos personas. Para no cortar o bloquear el flujo energético, es importante saber manejar los siguientes elementos: la respiración, el movimiento, el sonido y la presencia mental. Muchos problemas en la vida sexual de la pareja tienen su origen en la ignorancia de estos detalles.

Durante el coito, sé consciente de tu respiración, la cual debe ser siempre profunda. Además, deja que tu cuerpo se mueva libremente y no inhibas la voluntad de hacer sonidos, mientras más fuertes, mejor. (No importan los vecinos; que se «mueran de envidia», y que se den cuenta de que en tu casa se hacen las cosas como deben ser.)

Cualquier control de la respiración, del movimiento o del sonido disminuye el flujo energético, la capacidad para sentir y la intensidad del intercambio íntimo. La presencia mental es indispensable, porque haciendo el amor pensando en otra (cosa), restamos posibilidad a un encuentro verdadero entre los dos y nadie se siente satisfecho después. Si te das cuenta de que no estás mentalmente presente, enfoca tu atención en la respiración. Normalmente es suficiente para volver al presente.

Adicionalmente, el hombre puede aumentar su «único poder» y dar un mejor servicio como mesonero aprendiendo a no eyacular cada vez que hace el amor. Esto suena imposible para la mayoría de los hombres occidentales, pero es impresionante la fuerza y la intensidad que se experimenta en la sexualidad lográndolo. Y no solamente en la sexualidad. El propio sentimiento de amor hacia la pareja se refuerza. Pero lo más importante es que la mujer por fin puede recibir los nueve platos completos. Claro, hay que ponerse de acuerdo para hacer este experimento. Muchas mujeres también sienten que algo falta si el hombre no termina. Además, la frase «no quiero terminar esta vez, mi amor», puede ser malinterpretada.

El éxito es saber disfrutar el camino

"...y recuerda que vas a morir"
—Sócrates

«Conócete a ti mismo» fue sólo la mitad del mensaje de Sócrates. El mensaje completo era: «Conócete a ti mismo y *recuerda que vas a morir*». ¿Qué quería decir con esto? ¿Para qué recordar que vamos a morir? ¿La muerte no es lo peor que nos puede pasar, algo que debemos evitar?

En nuestra cultura la muerte ha recibido muy mala «propaganda». Es tratada como un tabú, le tenemos miedo, es como si fuera el fracaso de la vida y nos gusta considerarla como algo que solamente le ocurre a otras personas. El hecho de considerar la muerte como algo peligroso y atemorizante nos hace pretender que no existe. Pero esta «mentira» tiene graves consecuencias para nuestras vidas.

Lo que Sócrates quería decir es que cuando estamos conscientes de la muerte, lo que toma mayor importancia en nuestras vidas es *cada momento*. Tener conciencia de ella nos ayuda a descubrir y experimentar nuestras vidas «aquí y ahora». Rechazar la muerte hace que vivamos enfocados en el futuro, esperando que éste llegue «algún día» portando el éxito y la felicidad.

> *El éxito no es necesariamente lograr las metas, sino*
> *saber disfrutar cada paso en el camino hacia ellas.*

Vivimos, entonces, posponiendo la felicidad. Pero no importa. Como la muerte no existe, tenemos todo el tiempo del mundo. Pero el resultado de esta negación es una vida donde los momentos nos pasan por delante mientras nos estamos esforzando para alcanzar al éxito.

Tener conciencia de la muerte nos ayuda a vivir el presente y aumenta nuestra capacidad de *disfrutar lo que tenemos*. Seguimos teniendo metas a futuro porque nos dan dirección, motivación y energía para nuestro desarrollo. Pero como la muerte existe, estamos conscientes de que quizás no las alcancemos y de que no podremos llevarnos nada cuando nos despidamos. Por lo tanto, si tenemos presente una definición del éxito que apoye el bienestar, viviremos más desprendidos de las cosas materiales, menos dependientes de las demás personas y, por lo general, más relajados.

La muerte nos ayuda a recordar lo que es importante en la vida y a vivir el *ahora*. Si esperamos, es muy probable que sea demasiado tarde.

Captar el momento

Un hombre que sabía vivir el presente fue interrogado sobre cómo lograba mantener un estado físico y mental tan relajado a pesar de las presiones cotidianas. El hombre respondió:

*Cuando estoy parado, estoy parado,
cuando estoy caminando, estoy caminando,
cuando estoy sentado, estoy sentado,
cuando estoy comiendo, estoy comiendo,
cuando estoy hablando, estoy hablando.*

Los que habían preguntado, dijeron: «Nosotros también hacemos todo eso, usted tiene que estar haciendo algo diferente». Pero el hombre repitió:

*Cuando estoy parado, estoy parado,
cuando estoy caminando, estoy caminando,
cuando estoy sentado, estoy sentado,
cuando estoy comiendo, estoy comiendo,
cuando estoy hablando, estoy hablando.*

«¡Lo estamos haciendo exactamente igual!», gritaron los demás. Pero él les dijo: «No, porque cuando ustedes están sentados, ya están parados; cuando están parados, ya están corriendo; y cuando están corriendo, ya están llegando».

Disfrutar el presente no es fácil. En la segunda parte del libro veremos que no se puede tener tal éxito, a menos que nuestro camino sea una expresión de quien realmente somos.

La vida es un misterio para ser vivido

"La vida no es un problema para ser resuelto,
sino un misterio para ser vivido"
—Osho

Dejar de «luchar» no significa «tirar la toalla» y evitar los retos que la vida nos presenta. Tampoco significa dejar de ser perseverantes y constantes en nuestros esfuerzos para lograr lo que queremos.

Pero sí significa observarnos, conocernos, amarnos y cuidarnos con mayor conciencia de nuestras prioridades y valores para poder darnos cuenta de las carencias y los excesos que producen malestar. También significa ser más sinceros con nosotros mismos para no seguir con las ilusiones de armonía y el autoengaño.

El esfuerzo es entonces mayor en una vida más consciente, pero la energía adicional que necesitamos la adquirimos al estar menos angustiados y tensos, y más centrados en nosotros mismos, haciendo las cosas con calma y serenidad. Así vivimos más desde adentro hacia fuera y menos desde afuera hacia dentro.

«En la lucha entre la piedra y el agua, con el tiempo, el agua gana», dicen los chinos. Cuando dejamos «la lucha», comenzamos a fluir en la vida. Este fluir no es conformidad. Refleja más bien una aceptación profunda del misterio de la vida. Aceptamos que en el fondo no sabemos absolutamente nada, pero con la nueva confianza en nosotros mismos y en la vida renunciamos al control y nos dejamos llevar por la existencia.

Oración de la serenidad

Señor, concédeme serenidad para aceptar las cosas
que no puedo cambiar, coraje para cambiar aquellas
que puedo y sabiduría para reconocer la diferencia.

4

Caminos del autoconocimiento

Al estar distanciados de nuestros sentimientos podemos vivir la vida entera sin descubrir el muro o la máscara y sin sentir el dolor, la tristeza y la culpa del niño escondido detrás de él. El muro encierra nuestro amor y por fuera predomina su ausencia: el desamor. La solución parece evidente: de alguna manera tenemos que tumbar el muro y liberar al niño, reconstruyendo así nuestra autoestima. Esto no es una tarea fácil, pero es el reto para quien desea vivir en bienestar. Para mí es indiferente cómo se llaman los caminos de cada quien. Si alguien está aprendiendo a amarse a sí mismo, ¿qué importa cómo y en qué camino lo está aprendiendo? (¿O acaso hay un solo camino?)

¿Pero cómo saber si alguien realmente se está conociendo y amando? Es fácil. Porque sentiríamos su amor por nosotros. Y en la medida en que vayamos conociéndonos a nosotros mismos y conectándonos con la fuente interior de amor, seremos cada vez más capaces de distinguir entre un amor «postizo» y un amor auténtico. Porque el amor es como el océano, en todas partes sabe igual: salado. Cuando hemos saboreado nuestra propia sal, es fácil reconocer el salado verdadero de otra persona.

Tengo que admitir que he conocido personas auténticamente amorosas que no han hecho ningún curso de crecimiento personal, nunca han meditado, tampoco han leído algún libro de autoayuda y nunca se han hecho la pregunta «¿quién soy?». Pero no han sido muchas. En el caso de que te consideres una de estas personas, me alegro por ti. Fuiste, entonces, bien «encaminado». Muchos, sin embargo, estamos en la búsqueda de nuestras raíces espirituales con el deseo de compartir nuestra luz interior con los demás. La búsqueda requiere tenacidad, perseverancia y, sobre todo, mucho coraje, porque el terreno interior es desconocido y los mapas que nos dieron no sirven para guiarnos. Adicionalmente, no sabemos qué fantasma o monstruo habrá que enfrentar en el camino.

Conozco dos caminos del autoconocimiento porque los estoy caminando desde hace veinticinco años. Son «el camino de la meditación» y «el camino de la terapia». La combinación de los dos es excelente porque se complementan y se potencian entre sí. En el camino de la meditación estamos buscando la respuesta a la pregunta existencial ¿quién soy?, a través de las experiencias trascendentales. Sin embargo, el «ruido» causado por la memoria emocional no nos permite lograr el silencio mental necesario para tenerlas. Por eso, combinamos la meditación con la terapia.

En el camino de la terapia limpiamos la memoria emocional, el ruido se disminuye, el silencio mental en la meditación es facilitado y las experiencias trascendentales nos transforman en seres auténticos y amorosos.

Suena fácil, ¿verdad? Pero parece que el amor propio sí hay que ganárselo. Hay que «echarle pichón»[6] para conocerse y amarse. Los siguientes dos mapas quizás te sirvan de ayuda.

---

6 Venezolanismo. Significa «emprender algo, un trabajo, una tarea o un proyecto, con ánimo y decisión».

El camino de la terapia

"Ser simplemente quien eres en un mundo que hace su mejor esfuerzo para convertirte en otro, es la batalla más dura que tendrás que pelear. Nunca dejes de pelear"
—C. C. Cummings

La idea de que ir a un psicólogo o psiquiatra significa que uno está «loco» o enfermo está cambiando. Hay cada vez más gente que descubre que la psicoterapia puede ser una tremenda ayuda para sentirse mejor consigo mismo y con los demás.

El proceso terapéutico puede representar la «salvación» del «pecado original» porque la conducta no deseable heredada de nuestros padres comienza a modificarse cuando concientizamos su origen en nuestro pasado emocional.

La confianza

También en este campo encontramos una infinita cantidad de métodos y técnicas diferentes. El criterio para saber si un terapeuta te puede ayudar o no es si te da confianza, si sientes «química» con él o con ella. No importa si es un doctor muy famoso o altamente recomendado. A menos que sientas confianza, esta persona no te puede ayudar. Claro, si tu desconfianza es extrema, siempre encontrarás una razón para no confiar.

La confianza en el terapeuta es lo más importante porque su papel fundamental es acompañarte a lugares desconocidos dentro de ti para que puedas volver a experimentar situaciones emocionalmente dolorosas de tu pasado. Al hacerte consciente y revivir tu memoria emocional, te liberas de la energía perturbadora atrapada en ella. Como resultado, las actitudes y los comportamientos negativos causados por aquella energía cambian y te encuentras reaccionando y actuando de maneras más constructivas para ti y los demás. Los patrones de conducta repetitivos que te causaron tanto malestar desaparecen y tu personalidad se vuelve más armónica y equilibrada (es decir, más auténtica).

Pero, ¿quién quiere sentir dolor voluntariamente? ¿Acaso somos masoquistas? Estas objeciones tienen sentido. El sentimiento normal ante el proceso terapéutico es miedo, porque intuimos que nos va a doler. De ahí la importancia de la confianza en quien lo dirige.

Las culebras inofensivas

Existe una metáfora para explicar mejor lo que ocurre en la terapia. Imagínate que tienes cuatro años y estás caminando en el bosque. Es tarde, el sol está desapareciendo y se está poniendo oscuro. De repente, ves una culebra en la vía, unos metros más adelante. Por supuesto, te asustas y decides no seguir adelante.

La vía era un camino de crecimiento que fue bloqueado en tu infancia por el miedo. Por lo tanto, no lo recorriste completamente y no aprendiste la lección que el mismo te hubiese dado. Treinta años después, la falta de este conocimiento te crea problemas, por ejemplo con tu pareja, y decides ir a un psicólogo. El psicólogo es especialista en reabrir los caminos cerrados y te dice: «Ven conmigo. Vamos a quitar la culebra de aquel camino». «No, no –dices tú– esta culebra es peligrosa. Ni de vaina me acerco».

Pero poco a poco el terapeuta te va convenciendo y, poco a poco, por la confianza que le tienes, te dejas llevar de la mano, acercándote cada vez más a la bestia. Estás sudando, temblando con pánico, gritando y llorando. Hasta que logras aproximarte lo suficiente para verla más de cerca. Y para tu sorpresa, lo que ves ahí enrollado en el camino no es ninguna culebra, sino un pedacito de mecate. Treinta años atrás, en la oscuridad y con cuatro años de edad, el mecate se parecía mucho a una culebra. Ahora, con la inteligencia y conciencia del adulto, puedes darte cuenta de que ya no hay razón para temer este camino. Por el contrario, el camino está de nuevo abierto para recorrerlo completo y recibir el aprendizaje. Los problemas con tu pareja van desapareciendo y la terapia ha tenido éxito.

Una infancia «feliz y normal»

Lo que narraré a continuación es un ejemplo de la vida real. Hace unos años llegó a mi consulta un hombre de aproximadamente cuarenta años de edad. Estaba muy bien vestido y tenía un «aire» de prepotencia y superioridad. Resultó ser un empresario muy exitoso, casado y con dos hijos varones. Me saludó con una cara muy seria y me apretó la mano tan fuerte que me causó dolor.

Antes de que siga el cuento: ¿qué podemos deducir de la manera como la gente nos estrecha la mano? Si la forma de estrecharla es «aguada» y débil, es fácil deducir que la persona tiene un complejo de inferioridad. Pero ¿te acuerdas cuando hablamos en la introducción de esta primera parte del libro sobre la prepotencia, que decíamos que el prepotente también sufre de inseguridad? Bueno, nuestro empresario es otro ejemplo de ello. En este caso, su inseguridad se reveló en la fuerza exagerada que utilizó cuando me saludó. Desde luego, él no se dio cuenta.

Lo saludé y le pregunté: «¿Qué le trae a mi consulta?», y me contestó firmemente: «Yo no tengo por qué estar aquí, no tengo ningún problema». «Entonces, ¿qué hace aquí?», le pregunté. Y el hombre respondió: «Me obligaron a venir». «¿Quién lo obligó a venir?». «Un amigo que es gastroenterólogo». «Pero esto me lo tiene que explicar», le dije. «Bueno, él me está tratando por unas úlceras que no se quieren curar. O cuando se curan, poco tiempo después aparecen nuevamente. Me dice que tengo un problema psicológico o emocional y se niega a seguir con el tratamiento a menos que me vea con un psiquiatra porque dice que las úlceras pueden convertirse en un cáncer. Por eso estoy aquí. Pero no tengo ningún problema mental, mi problema es el estómago». «Bueno –le dije– para que usted pueda cumplir con la promesa que le hizo a su amigo, permítame hacerle unas preguntas y después puede irse». Y el hombre dijo: «Bueno, pregúnteme, pues».

Mi primera pregunta fue: «¿En términos generales, cómo fue su infancia?». El señor contestó: «¡Feliz y normal!». Mi segunda pregunta fue: «¿Y cuando usted como niño hacía alguna travesura y sus padres se enfadaban, de qué manera era castigado?». Su respuesta fue: «Con la correa. Era lo normal en aquella época». «¿Y con qué frecuencia era usted castigado con la correa?». «A diario —dijo, y agregó— pero es que yo era un niño muy tremen-do. Me lo merecía».

Puedes imaginar el dolor acumulado en la memoria emocional de este hombre. Imagínate la cantidad de culebras que el niño de aquel entonces vio y la cantidad de caminos que fueron cerrados y dejados a la mitad. Su carácter fuerte era su coraza y las úlceras la expresión de la tristeza, la humillación, el miedo y la ira guardadas durante tantos años.

Éste es un excelente ejemplo de que si la energía emocional no se desahoga por la vía natural, se desahoga por la vía no natural destructiva. También es un buen ejemplo de cómo, a través de los mecanismos psicológicos de defensa, podemos engañarnos a nosotros mismos y vivir una ilusión de armonía. La frase «pero yo era un niño muy tremendo, me lo merecía», no es nada más que una racionalización utilizada por muchas personas para justificar la crueldad de sus padres.

Sorprendentemente, el hombre regresó a la consulta y permaneció en ella durante año y medio. Y se curó de las úlceras. Pero tuvo que deshacerse de «océanos» de lágrimas y sacar afuera toda la ira y el miedo reprimidos.

Se despidió de mí un hombre cambiado. Más alegre, relajado y espontáneo. Había dejado de pegarles a sus propios hijos y la relación con su esposa había mejorado considerablemente porque ahora él era capaz de expresar sus sentimientos. Al irse, me dijo: «Jan, no puedo imaginar cómo pude decirte cuando vine por primera vez, hace año y medio, que mi infancia había sido feliz y normal. Ahora comprendo que para el niño de aquel entonces, la realidad era un infierno». Su padre no solamente le había pegado todos los días, y muchas veces sin razón, sino «por si acaso». Lo peor para el niño había sido el comentario del padre todas las mañanas cuando salía a trabajar: «Hijo, espérame esta noche a las siete. Te pego a las siete». A veces el padre regresaba de su trabajo a las seis y el niño iba corriendo a pedirle a su papá que le pegara ahora para salir de eso de una vez, pero el padre solía responder: «No, hijo, todavía no. Falta una hora».

Y lo he visto tantas veces. Cuando un hombre (o una mujer) duro, seco y con un «carácter fuerte» logra «destaparse» y se permite llorar «a moco tendido» en un proceso terapéutico, su carácter se transforma y se convierte en un ser amoroso con mayor capacidad de expresar ternura y afecto. Y muchos de sus padecimientos físicos desaparecen por sí solos.

Parte del proceso terapéutico puede, entonces, implicar un encuentro doloroso y aterrador con el pasado que requiere ayuda especializada. La meta no es olvidarnos de nuestro pasado, sino lograr una liberación emocional de la energía atrapada. Así deja de controlar nuestros patrones de conducta. La máscara impenetrable de nuestra personalidad se vuelve cada vez más transparente y lo que mostramos hacia afuera comienza a reflejar lo que en esencia somos: seres alegres, espontáneos, sinceros, creativos y amorosos. Al redescubrir esta esencia tan maravillosa, al adquirir el conocimiento sobre quiénes realmente somos, es imposible no amarnos a nosotros mismos. Y el bienestar interior que esta autoestima nos proporciona se manifiesta en una tremenda capacidad para crear bienestar en el mundo.

Lo que asusta en el camino de la terapia es volver a sentir la realidad emocional de este niño o niña de aquel entonces. Porque duele. Pero puedo asegurarte, por experiencia propia, que el dolor nunca es tan fuerte treinta años después. También quiero decirte que vale la pena. Inténtalo, para que veas.

El perdón

El camino de la terapia termina con el perdón. Sólo el perdón nos libera completamente del pasado y abre los caminos del futuro.

Con nuestro cerebro pensante y lógico bien desarrollado, es fácil perdonar. «Yo perdono a mi padre o a mi madre porque entiendo que no lo pasaron muy bien, tenían muchos problemas; además, ellos fueron tratados peor por sus padres cuando eran niños» es un ejemplo típico de cómo tratamos de perdonar con la mente intelectual.

Pero este perdón es superficial y no sirve, porque el perdón no es verdadero y liberador a menos que esté hecho por el niño interior. Él fue quien sufrió las consecuencias de la ignorancia e inconciencia de los adultos. Y él no puede perdonar a menos que le demos la oportunidad de expresar absolutamente todos los sentimientos guardados, incluso los peores, como el odio y las «ganas de matar». De lo contrario, el niño se niega a perdonar y queda atado a su pasado.

Así que perdonar es un proceso que toma su tiempo. Un curso de un fin de semana puede ser un comienzo, pero dudo que sea suficiente para la mayoría de las personas.

Terapia y meditación

La terapia facilita y profundiza la meditación porque reduce las tensiones emocionales, lo que a su vez nos permite silenciar la mente con mayor facilidad. En este sentido, la terapia puede y debe considerarse una preparación para la meditación. Si la terapia no nos conduce a la meditación, existe el peligro de que nos quedemos atascados o adictos al proceso terapéutico, porque la terapia en sí no nos ayuda a alcanzar nuestra meta final: trascender la mente para conocernos y amarnos. Por otro lado, estar meditando mientras pasamos por el proceso terapéutico nos ayuda a integrar más rápido los nuevos conocimientos adquiridos en los caminos de aprendizaje recién abiertos.

El camino de la meditación

"La meditación es una aventura, la aventura más grande que la mente humana puede acometer"
—Osho

Aunque el objetivo espiritual de la meditación es el de conocerse para amarse, no necesariamente tenemos que estar en una profunda búsqueda del sentido de la vida para meditar. Se puede practicar simplemente como un ejercicio de relajación con el fin de mejorar la salud, la concentración, la memoria y el estado de ánimo. Se ha comprobado científicamente que la meditación puede, por un lado, prevenir varias enfermedades y, por otro, potenciar el tratamiento de varias dolencias porque al entrar en el estado meditativo, el organismo relaja el sistema cardiovascular y nervioso, y refuerza el sistema inmunológico.

Lo que la meditación no es

Existe mucha confusión sobre lo que significa estar meditando. Para aclarar el asunto, quiero indicar lo que la meditación no es, según mi manera de entender:

1. La meditación no es concentración. Concentrarse significa enfocar la mente en un solo punto y esforzarse para no pensar en otras cosas. Esto genera mucha tensión, lo cual imposibilita llegar a niveles de relajación más profundos.

2. La meditación no es contemplación o reflexión. «Voy a meditar sobre el asunto», dice la gente, indicando que quieren pensar en algo, muchas veces para buscar la solución de algún problema. Esta actividad mental no es meditación porque estimula el pensamiento en vez de reducir su frecuencia e intensidad.

3. La meditación no es poner la mente en blanco. «Poner la mente en blanco» significaría tratar de no pensar en absolutamente nada. Pero mientras más nos esforzamos en no pensar, más pensamientos son producidos por la mente. No tenemos el poder para eliminar los pensamientos. La mente sigue pensando independientemente de nuestros intentos de paralizarla.

4. La meditación no requiere una creencia religiosa particular o conocimientos especializados. Mucha gente asocia la meditación con «sectas» raras, los hippies y hasta con drogas. O piensan que hay que conocer las teorías esotéricas de la metafísica. Mi experiencia es que no hace falta nada de esto. Cualquier persona puede aprender a meditar, porque la meditación es algo sumamente sencillo.

Lo que la meditación sí es

¿Entonces, qué es la meditación?

El estado meditativo ocurre a medida que la mente se relaja, los pensamientos se reducen en cantidad e intensidad y nos acercamos al *silencio mental*. Pero esto no sucede si atacamos la mente directamente, tratando de no pensar. Hay que «engañar» a la mente para que se ponga «en blanco». Las técnicas de meditación son diseñadas precisamente para lograr esto. En la medida en que las practiquemos diariamente, el espacio entre los pensamientos se va alargando y así la mente se va relajando poco a poco. Pero durante la práctica hay que aceptar la presencia de los pensamientos y no luchar contra ellos. En la meditación simplemente aprendemos a observarlos como nubes pasando por el cielo.

Existe cualquier cantidad de técnicas de meditación, que pueden o no incluir diferentes tipos de respiración, movimientos o sonidos. Por lo tanto, hace falta probar varias para saber cuáles «pegan» con uno. Además, es bueno poder variar entre diferentes técnicas. Es importante saber que los efectos iniciales de la meditación no necesariamente son de bienestar. Al principio podemos experimentar varios malestares, como por ejemplo dolor de cabeza, dolores musculares (especialmente en el cuello y la nuca), insomnio, nerviosismo y angustia. Éstas son reacciones normales en las primeras semanas. Significan que el organismo está tratando de deshacerse de las tensiones y el cansancio acumulados desde hace mucho tiempo.

Meditar para vivir el presente

La meditación es también un excelente método para ayudarnos a experimentar el presente. Vivimos parte de nuestra temprana infancia en el «aquí-y-ahora». A medida que el cerebro pensante y lógico se desarrolla, nuestro contacto natural con el presente se debilita. Pensamos cada día más y sentimos cada día menos. Al final, vivimos esclavizados y manejados por la mente y sus pensamientos, que son incapaces de captar el momento por la siguiente razón: la *dispersión mental*

Al observar la mente descubrimos la *dispersión mental*: estamos haciendo algo mientras estamos pensando en otra cosa, es decir, la mente no está donde está el cuerpo. Estamos dispersos o distraídos. ¿Alguna vez has tenido la experiencia de perder cosas o no encontrar cosas, por ejemplo las llaves, porque no recuerdas dónde las pusiste? No lo recuerdas porque mentalmente no estabas en el presente cuando físicamente las dejaste. Accidentes de tránsito o en el trabajo, errores y pérdidas de eficiencia y tiempo son algunas de las consecuencias de la dispersión mental. Además, se pierde la satisfacción en lo que se está haciendo.

El cuerpo *siempre* está en el presente, mientras los pensamientos *siempre* están en el futuro o el pasado. Intenta pensar en el presente. En el momento que lo haces, ya este presente se convirtió en el pasado. El presente no se puede pensar, pero sí se puede *sentir*. Entonces, una manera de captar el momento y vivir el presente es *sentir algo físico*. Puede ser tu cuerpo, tu respiración, algún sonido, algún sabor u olor o cualquier otra cosa física. En el momento en que la mente está ocupada con el sentir, no puede pensar porque el sentir y el pensar se excluyen mutuamente. Si estás pensando, no puedes sentir y viceversa.

Sentir algo físico es entonces sinónimo de meditar, porque reduce la cantidad de pensamientos e induce al silencio mental. Una de las técnicas más antiguas de meditación es una técnica budista llamada *vipassana*. Consiste en estar sentado con los ojos cerrados y simplemente sentir y observar la respiración, específicamente el movimiento del abdomen. (Ver más detalles en «El manejo del estrés» al final del libro.)

Beneficios de la meditación según Osho

La meditación te proporcionará sensibilidad y un gran sentido de pertenencia al mundo. Es nuestro mundo, son nuestras estrellas; no somos unos extraños. Pertenecemos intrínsecamente a la existencia. Somos parte de ella, somos su corazón.

Meditando te vuelves tan sensible que incluso la más pequeña brizna de hierba adquiere una inmensa importancia. Tu sensibilidad te concede la comprensión de que esa brizna de hierba es tan importante para la existencia como la mayor de las estrellas; sin ella, la existencia sería menos de lo que es. Esta pequeña brizna de hierba es única, irreemplazable, tiene su propia individualidad.

Y esta sensibilidad te traerá nuevas amistades: con los árboles, con los pájaros, con los animales, con las montañas, con los ríos, con los océanos, con las estre-

llas. La vida se enriquece a medida que crece el amor, a medida que crece la amistad.

Si meditas, tarde o temprano llegarás al amor. Si meditas profundamente, tarde o temprano empezarás a sentir que nace en ti un inmenso amor que nunca antes habías conocido, una nueva cualidad de tu ser, una nueva puerta que se abre. Te has convertido en una nueva llama que ahora quieres compartir.

Si amas profundamente, poco a poco serás consciente de que tu amor se está volviendo más y más meditativo. Una sutil cualidad de silencio está penetrando en ti. Los pensamientos van desapareciendo, aparecen pausas y... ¡silencios! Estás tocando tu propia profundidad.

El amor, si está bien encaminado, te vuelve meditativo. La meditación, si está bien encaminada, te hace amoroso. El amor que anhelas nace de la meditación, no de la mente. Ése es el amor del que estoy hablando continuamente.

Hay millones de parejas por todo el mundo que viven como si el amor estuviera presente. Están viviendo en un mundo de «como si». Pero claro, ¿cómo pueden ser felices? Carecen de toda energía. Intentan obtener algo de un falso amor y un falso amor no puede repartir sus frutos. De ahí la frustración, de ahí el continuo aburrimiento, de ahí las continuas regañinas, las peleas entre los amantes. Tratan de lograr lo imposible: intentan hacer de su amor algo eterno, algo que es imposible, pues ha nacido de la mente y la mente no puede darte ni un atisbo de lo eterno. Primero entra en meditación, porque el amor emana de ella, es la fragancia de la meditación. La meditación es la flor, el loto de los mil pétalos. Deja que se abra, que te ayude a moverte en la dimensión de lo vertical, de la no-mente, del notiempo, y de repente verás que la fragancia está ahí. Entonces el amor será eterno, incondicional. Ni siquiera estará dirigido hacia alguien en particular, no puede dirigirse a nadie en particular. No es una relación, es una cualidad que te rodea. No tiene nada que ver con el otro. Tú amas, eres amor. Es entonces cuando es eterno: es tu fragancia. Rodeó a Buda, a Zaratustra, a Jesús. Es una clase de amor totalmente distinto, cualitativamente distinto.

Una vida más meditativa

De esta manera se puede distinguir entre las técnicas de meditación como tal y las actividades realizadas meditativamente. Cualquier actividad realizada en estado alerta y consciente, es decir, sintiendo y observando en vez de pensando, se convierte en meditación.

En su libro *Meditación. La primera y última libertad*, el maestro Osho lo explica mejor:

> *Observar es meditación. Lo que observes es irrelevante. Puedes observar árboles, puedes observar un río, puedes observar las nubes, puedes observar unos niños jugando a tu alrededor. Observar es meditación. Lo que observes no es importante; el objeto no es la cuestión.*
>
> *La naturaleza de la observación, la cualidad de ser consciente y estar alerta, eso es la meditación. Cualquier cosa que hagas con conciencia es meditación. No se trata de la acción en sí, sino de la cualidad que le imprimas a la acción. Andar puede ser meditación si lo haces estando alerta. Estar sentado puede*

ser meditación si estás sentado alerta. Escuchar los pájaros puede ser meditación si escuchas con conciencia. Escuchar el sonido interno de tu mente puede ser meditación si permaneces alerta y vigilante. Lo esencial es permanecer consciente. Entonces cualquier cosa que hagas será meditación.

¿Necesitas terapia y meditación?

La meditación nos exige disciplina y paciencia, mientras que la terapia requiere coraje y confianza. No todos están dispuestos a aventurarse en estos caminos. Y quizás no todos necesitan hacerlo tampoco. Si me dices que te sientes bien en tu vida actual, yo sería el último que te diría que necesitas terapia o meditación.

Sin embargo, si sientes algún malestar en tu vida, si guardas algún sueño no realizado, si intentas modificar alguna conducta y no lo logras o si a pesar de todos tus éxitos tienes la sensación de que «algo» te sigue faltando, entonces quizás ha llegado la hora de intentar algo diferente. Puede ser algo mencionado en este libro o puede ser otra cosa. Pero no te quedes indiferente ante tus inquietudes. Independientemente de lo que escojas, podría ser el comienzo de un proceso que te lleve «a casa», a tu verdadero ser.

En la próxima parte del libro, encontrarás una gran variedad de sugerencias y herramientas prácticas. Después, todo depende de ti.

SEGUNDA PARTE

La reconquista de uno mismo

Introducción

El otro domingo estuve en una heladería. Al observar a mi alrededor se me ocurrió que las visitas a estos lugares son un excelente ejercicio para reducir la ansiedad y el estrés; porque, ¿para qué vamos a una heladería?, ¿para hablar de nuestros problemas o resolver los conflictos matrimoniales?, ¿o para cobrar la deuda de un moroso? ¡No!, a una heladería vamos a disfrutar la amistad, la pareja o la familia. Su ambiente nos hace sentir humanos y mortales, nos hace recordar que estamos todos conectados, que tenemos los mismos miedos y las mismas esperanzas, y que estamos en el mundo por el mismo motivo:para amar y ser amados. El disfrute de este sentimiento y el placer de los sabores divinos que pasan por nuestra boca nos hacen relajarnos.

Frecuentemente necesitamos una dosis de helado, o de esta toma de conciencia, para no perdernos por completo. Si al salir de la heladería, pudiéramos mantener esta visión de igualdad e interconectividad, si pudiéramos mantenerla permanentemente como una luz interna, tendríamos mayor claridad y visibilidad en el camino y con toda seguridad descubriríamos los senderos hacia un mundo mejor.

La mayoría está de acuerdo con que uno de estos caminos es la sociedad democrática en la cual cada ciudadano, a través de sus representantes elegidos, se siente partícipe en el desarrollo de un futuro cada vez mejor. Sin embargo, la historia de la humanidad muestra que no es fácil crear una verdadera democracia, a pesar de su excelente diseño original concebido por personas muy sabias. En teoría, el diseño democrático es bueno, pero para que el sistema funcione en el beneficio de todos, se requiere un nivel de conciencia y madurez colectiva que lamentablemente no tenemos y nunca hemos tenido. Además, quienes se apoderaron del sistema político, desde la antigua Grecia, 2. 500 años atrás, hasta la actualidad, casi nunca han sido los individuos más sabios, sino en su mayoría personas inconscientes con ansias de poder. El mismo Aristóteles lo advirtió al señalar que quienes deberían conducir el Estado son aquellas personas que no tienen ningún deseo de hacerlo.

Un sistema que fue creado para el bienestar colectivo se convirtió rápidamente en un sistema para perpetuar el poder de un grupo privilegiado. Los senadores, ministros y políticos siempre eran o llegaron a formar parte de una poderosa clase minoritaria que también incluía a los líderes religiosos. Sócrates fue condenado a muerte porque los gobernantes de Atenas no le permitieron concientizar a los jóvenes. En el Imperio Romano, los gobernantes le daban «pan y circo» al pueblo para que se mantuviera en la oscuridad de la ignorancia y no se diera cuenta de la injusticia y la desigualdad que predominaban en su existencia. Luego, Cristo fue crucificado por tratar de fortalecer el poder individual a través del amor, retando al poder político y religioso de su época. Aquí y ahora, todos los gobiernos prometen que lucharán por tener un pueblo educado, pero el sistema educativo sigue deficiente o desactualizado en casi todas partes, y no enseña la importancia del autoconocimiento.

¿Quién sabe lo que significa ser demócrata? La mayoría de nosotros no fue educada en democracia, o ¿acaso tus padres o tus profesores en el colegio eran líderes democráticos? ¿Tuviste alguna vez la oportunidad de practicar y ensayar el juego democrático? En la primera parte observamos que tanto en la crianza como en la educación que recibimos, tuvimos un modelaje autocrático en el cual la obediencia, la disciplina, la subordinación y el amor condicional fueron los principios básicos. De éstos, los tres primeros son característicos de la cultura de las fuerzas armadas y, aplicados a la crianza de un niño, producen un ser obediente y complaciente, con temor a la autoridad y poca autoestima. No parece la mejor preparación para la democracia participativa, ¿verdad?

Lo más grave es que tampoco nos enseñaron a ser espiritualmente conscientes, es decir, a conocernos a nosotros mismos y a saber identificar el propósito de nuestra vida. ¿Alguna vez te dijeron: «Ante todo, joven, conócete a ti mismo»? ¿Alguna vez has profundizado en la pregunta «cuál es la misión de tu vida»? Por la autoignorancia y el miedo a la desaprobación seguimos haciendo cosas que no nos gustan y dejamos de hacer cosas que deseamos para complacer y satisfacer las expectativas ajenas. Mantenemos la creencia de que nuestros líderes van a resolver nuestros problemas. Desde luego, a ellos les conviene que sigamos con la ilusión.

Intelectualmente estamos todos de acuerdo con que la democracia es una buena idea, pero nos cuesta llevarla a la práctica porque la programación inconsciente es muy poderosa. Sabotea nuestros esfuerzos democráticos al imponer lo programado y obligarnos a crear circunstancias similares a las que el niño experimentaba en aquellos años emocionales y vulnera-bles. Como resultado, seguimos eligiendo líderes autocráticos.

Si no nos sentimos libres y en democracia es porque internamente todavía no somos libres ni democráticos. El muro del condicionamiento inconsciente nos mantiene presos. Sin embargo, la necesidad que tiene el espíritu de ser totalmente libre nos hace chocar contra el muro. La in satisfacción con el presente nos ayuda a crear un proceso de concientización, que es el primer paso hacia la liberación. Tenemos que darnos cuenta de que el sistema político actual es incapaz de resolver nuestros problemas, no por fallas en su diseño, sino porque en él predomina la oscuridad del inconsciente de quienes lo manejan. Su poder no aguantaría la luz de la conciencia espiritual y por eso no quieren que el individuo despierte. Porque quien se dé cuenta de la mentira y se libere de la programación, deja de ser manipulable.

¿Cómo lograr una verdadera democracia si la mayoría de nosotros fue programada en autocracia?

Según Albert Einstein, la palabra «locura» significa «seguir haciendo lo mismo, esperando resultados diferentes». Podemos comenzar a hacer algo diferente al concientizar y entender que la falta de amor propio como consecuencia de los paradigmas de obediencia y represión, creados y mantenidos en una cultura del miedo, es lo que imposibilita la creación de un mundo justo y amoroso.

En esta segunda parte del libro te invito a profundizar en las opciones que tenemos. Te invito a darte cuenta de que tus verdaderas limitaciones no son externas, sino internas. La meta para todos es romper el muro de la pro-gramación, liberar el espíritu y cumplir con nuestro verdadero propósito.

1

Comprender la programación

Ser humano

¿Qué significa el término *ser humano*? Si dividimos la vida en dos dimensiones, la del *ser* y la del *hacer*, y si asociamos la dimensión *ser* con lo espiritual y la dimensión *hacer* con lo humano, podemos decir que el espíritu *es*, mientras el humano *hace*. Ser humano significa entonces *espíritu haciendo*. Según nuestro supuesto básico, el espíritu —o nuestro verdadero ser— es amor. Espíritu haciendo significa entonces *amor haciendo* y si amor es sinónimo de Dios, el término ser humano significa *Dios haciendo*.

Hace poco me enviaron lo siguiente por correo electrónico:

> *Si te levantaste esta mañana con más salud que enfermedad, eres más bendecido que el millón que no sobrevivirá esta semana. Si nunca has experimentado el peligro de la guerra, la soledad de la prisión, la agonía de la tortura o los golpes de la hambruna, estás mejor que 500 millones de personas. Si puedes atender una reunión para discutir un tema de interés común con otra gente sin sentir el miedo a ser atracado, arrestado, torturado o matado, eres más afortunado que tres mil millones de seres humanos. Si tu nevera tiene comida, tu cuerpo ropa y si duermes debajo de un techo, eres más rico que 75 por ciento de la humanidad. Si tienes dinero en el banco y en tu cartera, y sencillo en el bolsillo, perteneces al 8 por ciento más adinerado del mundo. Si puedes leer esta página, eres más afortunado que los dos mil millones de personas que no saben leer.*

Si esto es correcto, estamos actuando como *haceres* humanos, es decir, como humanos sin espíritu. Si el espíritu (o Dios) estuviera haciendo, el mundo estaría lleno de expresiones de amor: paz, igualdad, prosperidad, respeto, justicia y todos los demás elementos que necesitamos para la democracia, la felicidad y el bienestar.

La misión

Dicen que el propósito de nuestra vida es ser feliz. Se me ocurre pensar que «ser feliz» no es la mejor definición, porque tomando en cuenta lo indicado anteriormente, no nos ayuda en la práctica. ¿Tal vez una definición diferente, o más exacta, de la misión podría ayudarnos a hacer las cosas de otra manera y crear un mundo mejor?

Una semilla tiene el potencial de convertirse en un árbol y ésta es precisamente su misión: actualizar su potencial y ser lo que es, un árbol. Todos comenzamos nuestra vida como semillas con el mismo propósito: actualizar todo el potencial con el cual nacemos y ser todo lo que somos. Ser total y auténticamente uno mismo es la misión de nuestra vida porque al cumplir-la, seremos verdaderos seres humanos reflejando el amor en todo lo que hacemos y creando un mundo feliz.

Nuestra nueva definición de la misión es entonces *ser uno mismo* y el proceso de socialización debe ayudar a los niños a cumplirla. Lamentablemente, por inconciencia, ignorancia y paradigmas obsoletos seguimos haciendo lo mismo pero esperamos resultados diferentes. En las páginas siguientes entenderemos de qué manera el temprano aprendizaje queda guardado en el inconsciente y cómo esta programación nos dificulta convertirnos en árboles frondosos. El reto es liberarnos de las limitaciones del pasado y ser cada vez más quienes somos, es decir, Dios haciendo.

El cerebro triuno

Para ayudarnos a comprender el proceso de socialización y afrontar el reto de modificarlo, utilizaremos un paradigma denominado *cerebro triuno*[7]. Según esta teoría, el cerebro humano tiene tres áreas tan especializadas que podemos hablar de tres unidades cerebrales: el cerebro *básico*, el *emocional* y el *pensante*.

El básico, también llamado «reptil» o «instintivo», corresponde anatómicamente a la base del cerebro y la parte superior de la médula espinal, y está completamente desarrollado para el momento del nacimiento. Controla todas las funciones fisiológicas necesarias para la supervivencia del recién nacido: la respiración, la digestión, la circulación, la temperatura, etcétera. También maneja el instinto de autoconservación, los ritmos biológicos y la parte instintiva de la sexualidad, es decir, todo lo biológicamente necesario para el cumplimiento del ciclo vital.

La segunda unidad, el cerebro emocional o el sistema límbico, está ubicada en la parte central del cerebro y tiene su mayor desarrollo en los primeros ocho años. Como su nombre lo indica, nos hace capaces de producir y sentir emociones, y es utilizado por los niños para procesar la información que reciben y comprender lo que experimentan.

Por último, el pensante o el neocórtex, se corresponde con la parte superior del cerebro que se divide en los hemisferios derecho e izquierdo. Se desarrolla paralelamente con el cerebro emocional, pero comienza a funcionar de manera compleja y consistente sólo a partir de los siete u ocho años[8]. Recientes hallazgos científicos indican que esta sección del cerebro sigue desarrollándose por lo menos hasta los 25 años de edad.

---

7 Inspirado en el libro de Elaine de Beuaport (1994): Las tres caras de la mente. Caracas: Editorial Galac.

8 El fenómeno de «los niños índigo» no se puede explicar con las teorías vigentes. Estos niños muestran raciocinio y sabiduría a muy temprana edad.

Todavía hay muchos aspectos que no entendemos acerca del funcionamiento cerebral. Sin embargo, sabemos que el cerebro posee múltiples inteligencias y, más interesante aún, que también guarda varias memorias. Veamos de lo que se trata.

Las tres inteligencias

La inteligencia básica

La inteligencia del cerebro básico se expresa en lo que podemos llamar *la inteligencia del cuerpo*, la cual se evidencia de muchas maneras. Por ejemplo: si te tuerces un pie, la reacción inteligente de tu cuerpo es producir un dolor en el tobillo. El dolor significa que hay tejidos dañados e indica que no debes apoyarte fuertemente sobre ese pie para no causarle más daño. Si estás cansado y agotado y no te acuestas para descansar, tarde o temprano *el cuerpo te acostará*. Su inteligencia siempre actúa a favor de la salud y de la supervivencia, pero paradójicamente, a veces nos hace enfermar para obligarnos a descansar y de esta manera, salvarnos la vida. ¿Nunca te ha dado una gripe muy fuerte en tiempos de mucho estrés? Quien sobrevive a un infarto normalmente sale de la clínica ajustando sus prioridades y hábitos hacia una vida más balanceada. Simplemente considera los miles, quizás millones, de reacciones bioquímicas, bioeléctricas y psiconeuroinmunológicas que deben sincronizarse simultáneamente para mantener el funcionamiento normal de la gran cantidad de sistemas fisiológicos que están interconectados en nuestro organismo. No puede haber dudas de que el cuerpo tiene su propia inteligencia.

La inteligencia intelectual

La inteligencia producida por el cerebro pensante nos da la capacidad intelectual para analizar lógicamente una situación o un planteamiento racional, y para desarrollar ciencias y tecnologías. Su indicador es el famoso *cociente de inteligencia*, que ha sido utilizado en los últimos cien años para indicar si un ser humano es inteligente o no. Ésta es estimulada por la mayoría de las materias estudiadas durante la primaria y la secundaria, ya que, en gran parte, el sistema educativo todavía cree que la inteligencia intelectual es la única necesaria para alcanzar el éxito y ser feliz. Estudios recientes indican que la realidad es otra. Daniel Goleman[9] dice lo siguiente: «El tipo de inteligencia que se fomenta desde la escuela y también desde las instituciones educativas superiores no asegura el éxito. Para triunfar en la vida, la inteligencia emocional es más importante que todo lo aprendido en el colegio y en la universidad».

La inteligencia emocional

La base de la inteligencia emocional debe desarrollarse en los primeros años de la vida y después deberá proveernos las destrezas para manejar, controlar y expresar equilibradamente nuestros sentimientos y para relacionarnos con los demás con sensibilidad, empatía y compasión. Lamentablemente, la crianza tradicional obstaculiza este desarrollo porque nos convierte en personas tensas y nerviosas. Ninguna materia en el sistema educativo enseña el manejo de los sentimientos. Robert Sylwester, profesor de educación de la Universidad de Oregón, Estados Unidos, afirma:

> *Sabemos que la emoción es muy importante en el proceso de aprendizaje porque potencia la atención que, a su vez, potencia el aprendizaje y la memoria. Sin embargo, nunca hemos acabado de entender la emoción y, por ello, no sabemos cómo regularla en la escuela, aparte de definir demasiado o demasiado poco de ella como mal comportamiento y de relegar su mayor parte a la plástica, las manualidades, el*

---

[9] Daniel Goleman (1996): Inteligencia emocional. Buenos Aires: Javier Vergara Editor.

recreo y las actividades extraescolares. Medimos si nuestros alumnos saben deletrear correctamente, no su bienestar emocional. Y cuando el tiempo se nos echa encima, recortamos las «asignaturas difíciles de evaluar», como la plástica, que tienden más a lo emocional. Al separar la emoción de la lógica y la razón en clase, hemos simplificado el sistema escolar y el proceso de evaluación, pero también hemos separado dos caras de una moneda y hemos perdido algo importante en el proceso. Es imposible separar la emoción de las actividades de la vida. No se le ocurra intentarlo[10].

Como consecuencia, muchos adultos sufren de *analfabetismo emocional*, a menudo expresado en una personalidad desequilibrada y desagradable que complica las relaciones interpersonales en la vida profesional y privada.

Esto parece difícil de resolver, pero hay solución. He observado que hay una correlación entre los niveles de autoestima e inteligencia emocional. Cuando una persona mejora su autoestima, automáticamente mejora su forma de relacionarse con los demás. Se vuelve más comprensiva y empática, y sabe mejor cuándo controlar sus sentimientos y cuándo y cómo expresarlos. Sabe además cómo decir las cosas de manera que estimulen y motiven, tanto en su casa como en reuniones laborales. Es «buena gente», humilde y sabe escuchar. Si logramos que más individuos mejoren su autoestima, tendremos entonces más inteligencia emocional en el mundo y, en consecuencia, mejores padres, educadores y líderes. Para ello se necesita modificar tanto la crianza como el sistema educativo.

---

10 Información disponible en http://www. psicología-online. com.

Las tres memorias

La memoria básica

Comprende la información genética que lentamente ha evolucionado durante miles de millones de años y ha sido guardada en nuestros genes. Le da al organismo la capacidad para desarrollarse, controlarse y protegerse automáticamente, es decir, se expresa fundamentalmente en la inteligencia del cuerpo. No sabemos todavía hasta qué punto la programación genética también influye en el desarrollo de la personalidad y la conducta. Hay personas que dicen: «Tengo mal carácter y mi padre también; eso va en la familia», indicando un origen genético de su manera de ser. Personalmente, pienso que están equivocadas, porque mientras más influencia tenga la genética, menos modificable sería la personalidad. Mi experiencia es que la personalidad es bastante modificable, aunque a menudo se necesita ayuda profesional para lograrlo.

La memoria intelectual

Es donde se almacenan los paradigmas, es decir, las teorías, creencias y «verdades» que los adultos nos repetían constantemente para enseñarnos lo que consideraban bueno y malo, importante o no tan importante en la vida. Representan la parte mental de la programación que recibimos. Otra facultad es la memoria de corto y largo plazo que utilizamos para retener y reproducir información, conocimientos y destrezas. También nos ayuda a recordar el pasado, aunque la mayoría de las personas no logra reproducir muchas memorias de sus primeros seis años. Pero a partir de esta edad el cerebro pensante ya ha logrado cierto nivel de desarrollo. Cuando decimos, por ejemplo: «Yo recuerdo que mi padre me pegaba con mucha frecuencia, pero a mí no me pasaba nada. Por el contrario, con las palizas aprendía lo que significan el respeto y la responsabilidad», estamos utilizando nuestra memoria intelectual. Pero ésta tiene una limitación: no puede reproducir las *experiencias emocionales*.

La memoria emocional

No sentimos nada al recordar intelectualmente porque la energía emocional de las *experiencias* es almacenada en otro «disco duro», es decir, en otra memoria: la emocional. Y entre la emocional y la intelectual hemos construido un muro impenetrable de mecanismos psicológicos de defensa que nos posibilita interactuar intelectualmente con la vida sin darnos cuenta de los sentimientos almacenados. También llamada «el niño interior», la memoria emocional contiene no solamente los recuerdos de todos los acontecimientos ocurridos desde la vida intrauterina, el parto y los primeros diez años de la vida, sino, sobre todo, la energía de los sentimientos que teníamos, pero no expresábamos, en este mismo período. Recuerda que los sentimientos son emociones, o *energía en movimiento*, que si no se mueve hacia afuera, no desaparece, sino que queda atrapada por dentro.

Gran parte de la energía de las emociones no se movía hacia afuera, es decir, los sentimientos no fueron expresados, principalmente por dos razones: primero, porque por la falta de capacidad intelectual, como niños, no supimos explicar con palabras lo que sentíamos. A los tres o cuatro años de edad no tuvimos un cerebro capaz de producir comentarios como por ejemplo: «Miren, mami y papi, como ustedes están trabajando tanto y pasan muy poco tiempo conmigo, últimamente me he sentido abandona-do, lo que me hace sentir que ustedes no me quieren y que yo no merezco ser amado, y que por eso no sirvo para nada. Por lo tanto, estoy desarrollando una imagen muy negativa de mí mismo, lo que va a debilitar mi autoestima y complicarme la vida más adelante. Siento mucha rabia, tristeza y culpa, pero si ustedes pudieran abrazarme un poco más y decirme cosas bonitas y dejar de gritarme o pegarme, me sentiría mucho mejor y sería en el futuro un adulto más feliz».

En segundo lugar, las veces que intentamos expresar la ira, la tristeza o el miedo, provocábamos más hostilidad y rechazos porque nuestra conducta era interpretada como «malcriadez» e irrespeto inaceptables.

En consecuencia, cuando somos adultos no recordamos mucho de nuestra temprana infancia porque el intelecto no puede reproducir las memorias emocionales. La inteligencia intelectual no posee la clave secreta para penetrar el muro que la separa del dolor. Incluso, si el trauma en la infancia es demasiado fuerte, el adulto ni siquiera tiene conciencia de que el evento ocurrió. En mi consulta he tenido varias experiencias de personas que durante treinta o cuarenta años no habían tenido ningún recuerdo de acontecimientos traumáticos de su infancia. Sólo al neutralizar el intelecto y brincar el muro defensivo a través de la hipnosis, pueden conectarse con su memoria emocional, deshacerse de la carga negativa y comenzar a sanar. Todas estas personas se quedaron asombradas del hecho de que antes no recordaban nada.

Los efectos negativos de la memoria emocional

La memoria emocional es una memoria energéticamente cargada por la rabia, la tristeza, la culpa, la humillación y el miedo no expresados, y representa una fuente de desequilibrio y malestar para todas las dimensiones de nuestra vida.

El efecto psicosomático[11]

Al afectar el cerebro instintivo, la memoria emocional activa reacciones instintivas de estrés que perturban el control de los sistemas fisiológicos, creando un desequilibrio hormonal y nervioso, y

---

11 Soma significa «cuerpo» en griego. Una enfermedad psicosomática se manifiesta en el cuerpo, pero tiene su origen en la psique.

debilitando el sistema inmunológico. Los malestares y enfermedades psicosomáticas resultantes abundan en nuestra sociedad.

El efecto psicointelectual

La carga emocional negativa también perturba el cerebro intelectual, causando una falta de concentración, una memoria intelectual reducida y, además, hiperactividad mental. Asimismo, debilita la capacidad para coordinar ideas y comunicarlas fluidamente. El miedo escénico es un típico y frecuente ejemplo de esto. ¿Alguna vez te has quedado «mudo», es decir, paralizado en una reunión o ante algún público en el momento de hablar? Es terrible, ¿verdad? Hablo por experiencia propia. Es como estar enfrentando una amenaza de vida o muerte, con palpitaciones, tensión muscular, sudor y una boca tan seca que casi no se puede abrir. Y ¿por qué?, ¿por qué hablar ante el público nos da tanto miedo?

Lo que ocurre es que la situación es asociada con experiencias negativas guardadas en la memoria emocional. Cuando éramos niños nos sentíamos muy a menudo rechazados al cometer errores, o cuando no decíamos las cosas de la manera como los adultos exigían, o cuando no respondíamos correctamente a sus preguntas. Cuando «fallábamos», nuestros padres o educadores se molestaban, y más de una vez nos ridiculizaron y humillaron ante los demás niños, que también se burlaron de nosotros. De esta manera, obtuvimos gradualmente la convicción de que hablar en público era muy peligroso.

Situaciones similares son percibidas como amenazantes el resto de la vida, no por nuestro adulto pensante, sino por el «niño interior» que sigue teniendo miedo a la desaprobación. El nerviosismo y la «tembladera» que sentimos son causados por el cerebro básico, que está programado para activar la reacción instintiva de estrés ante cualquier percepción de amenaza, real o irreal. A través de esta conexión psicosomática, se acelera el corazón, sube la tensión arterial y se tensan los músculos.

El miedo escénico proviene entonces de una mala interpretación de la realidad. Si utilizáramos nuestro raciocinio, sabríamos que no hace falta activar el instinto de supervivencia para hablar ante un público. Pero nuestro inconsciente no es racional. Está *condicionado y programado* según las experiencias emocionales del pasado.

Claro, con entrenamiento y una fuerte dosis de autoestima se puede vencer este miedo y muchos más. Además, la adrenalina adicional provocada por un poco de nerviosismo es un estrés positivo que estimula el intelecto y da claridad al pensamiento. Pero cuando nos quedamos paralizados, es porque nuestro «niño» o «niña» entra en pánico y lleva la reacción defensiva a su extremo.

La reducción de la memoria, de la concentración y de otras facultades intelectuales es evidencia de un cansancio mental causado no solamente por el estrés del día a día, sino también por el esfuerzo permanente de mantener las defensas psicológicas para no sentir el malestar emocional. Y una excelente manera de evadir el sentir es pensar todo el tiempo, creando hiperactividad mental.

El efecto psicosocial

Mientras más cargada esté nuestra memoria emocional, más afectada se ve nuestra vida social, ya que el malestar inconsciente se expresa en algunos rasgos de nuestra personalidad. Características negativas como la timidez, la seriedad, las dificultades para comunicarnos, la arrogancia, la intolerancia, el fanatismo, el perfeccionismo, el mal carácter, la irritabilidad, la agresividad, la envidia, la codicia, entre otras, son expresiones de nuestros miedos, inseguridades y complejos que causan malestar interpersonal y conflictos, dificultando la vida en pareja, en el ámbito laboral y en la sociedad en general. No logramos crear una sociedad de igualdad, justicia y respeto porque nuestras personalidades son desequilibradas y conflictivas. Esto se ve especialmente acentuado cuando ocupamos puestos de liderazgo y poder. El dicho «si quieres conocer a una persona, dale poder» debería ser: «Si quieres conocer la memoria emocional de una persona, dale poder».

El efecto psicoespiritual

Nuestro verdadero ser se expresa en todas las dimensiones humanas, pero su medio de comunicación más directo son los sentimientos. Cuando la expresión emocional es auténtica, los sentimientos reflejan la esencia de quienes somos: amor.

En el capítulo 3 de la primera parte vimos que la palabra *persona* viene del griego y significa «máscara», y que la máscara de la personalidad es lo que nos colocamos para adaptarnos a las reglas sociales, pero desde temprana edad nos identificamos con este ser falso como si fuera nuestro verdadero yo. Al confundir la máscara con nuestra cara original, dejamos de ser auténticos, escondemos el amor y perdemos la conexión con nuestra esencia.

La identificación con la máscara se vio reforzada en la edad escolar porque los resultados que obtuvimos en el colegio al utilizar el cerebro lógico e intelectual nos traían mucha atención positiva. Como ya señalamos, nuestra emocionalidad no fue muy estimulada o valorada, porque no hacía falta utilizar los sentimientos para conseguir reconocimiento y lograr el éxito. El intelecto lo logró solo. Junto con el arte de la represión, adquirimos las creencias de que los sentimientos eran algo inferior y de que el pensamiento racional era el recurso más importante del ser humano. Fuimos educados para creer que lo importante en la vida es adquirir conocimientos y mucho dinero, posesiones materiales y poder. Saber quiénes somos y cómo expresarnos auténticamente no tenía importancia.

Además, cuando éramos niños, y gracias a nuestra vulnerabilidad emocional, percibimos la crianza autocrática como hostil y amenazante. En consecuencia, nuestro ser llegó a la siguiente conclusión: «Aquí las cosas son demasiado peligrosas y dolorosas; más vale que me proteja si quiero sobrevivir», lo cual impulsó la construcción de una coraza o muro de protección. Todos tuvimos que desarrollar los mecanismos psicológicos de defensa para manejar las tensiones emocionales en el ambiente familiar. Mientras más fuerte era la sensación de hostilidad e inseguridad en el hogar, más grosor iba adquiriendo el muro defensivo.

De esta manera, quedamos emocionalmente inmaduros, con una máscara social cada vez más gruesa y un conflicto permanente entre quienes somos y quienes pensamos que deberíamos ser. Aprendimos a esconder los sentimientos, intelectualizándolos y racionalizándolos en vez de simplemente sentirlos y expresarlos. Nuestra personalidad, o el conjunto de conductas y actitudes que mostramos en la interacción con los demás, es la fachada del muro hacia el mundo. Detrás, se encuentra encerrado el verdadero ser, con poca posibilidad de expresarse.

El iceberg

Para completar nuestra comprensión de la programación emocional, debemos incluir los conceptos *consciente* y *subconsciente*. Para explicarlos podemos compararlos metafóricamente con un iceberg. Como sabes, los icebergs son montañas de hielo que flotan en los mares árticos. Sólo un diez por ciento de su masa es visible, mientras un noventa por ciento se encuentra por debajo de la superficie del mar. En este sentido, decimos que el diez por ciento de nuestra psique es consciente y el noventa por ciento es subconsciente.

Aunque nadie ha visto el consciente ni el subconsciente, la teoría del psicoanálisis fue el comienzo del desarrollo de varias teorías y herramientas útiles para comprender las dimensiones invisibles e intangibles de nuestra naturaleza. Aunque hay psicólogos que ni siquiera aceptan la existencia del subconsciente, mi experiencia es que el modelo nos ayuda a detectar las limitaciones del condicionamiento y desarrollar herramientas para liberarnos de ellas.

La memoria emocional (el niño interior) constituye la mayor parte del subconsciente, mientras que la memoria intelectual ocupa el consciente en un cien por ciento. Si tratamos de calcular en qué porcentaje nuestra autoestima y personalidad adulta son influenciadas desde el consciente o el subconsciente, no tenemos ningún dato científicamente comprobado. Sin embargo, mi cálculo, basado en veinticinco años de experiencia, es el siguiente: veinte por ciento por los genes, veinte por ciento por el intelecto y la voluntad consciente, y un sesenta por ciento por la memoria emocional.

Como todo está interconectado, las diferentes inteligencias y memorias influyen todas entre sí. Por lo tanto, no existe una división muy exacta entre las distintas unidades. Por ejemplo, podemos provocar la aparición de una memoria emocional a través de masajes profundos, es decir, manipulando el cuerpo.

La teoría del cerebro triuno y el concepto del consciente y subconsciente son buenos mapas para entender el impacto que tiene la programación temprana sobre la formación de la personalidad humana y su conducta.

La inteligencia y la memoria espiritual

Si existe la dimensión espiritual, ¿podemos también hablar de una inteligencia del espíritu? ¿Quizás las tres inteligencias anteriormente mencionadas son expresiones diferentes de una única inteligencia espiritual? Y, ¿qué tal si el espíritu también tiene memoria?

Para explicar la existencia de una posible memoria espiritual podemos utilizar la teoría de la reencarnación. Mucha gente me ha preguntado si creo en esto. A mí me han hecho regresiones varias veces y he tenido ciertas experiencias que pueden indicar que he vivido en otros tiempos, pero ¿quién sabe?, quizás fue mi imaginación. A mí, personalmente, no me importa mucho. Si me ayuda a avanzar en el bienestar, cualquier teoría es bienvenida. En este sentido, la reencarnación me parece interesante como mapa, o paradigma, aunque depende de cómo se interprete.

La interpretación negativa

Hay religiones que utilizan la reencarnación como herramienta de manipulación para mantener al pueblo conforme y dócil. Dicen a los pobres que la razón de su pobreza es el *karma*, es decir, que su miseria en esta vida es una consecuencia de haber cometido alguna maldad en la vida anterior, pero si aceptan su miseria como una penitencia y sufren sin protestar, tendrán sus recompensas en la próxima vida. Sin embargo, si vuelven a portarse mal en ésta, la próxima será peor. Incluso, puede ser que ni siquiera reencarnen como humanos, sino como animales. Esta amenaza es una excelente manera de evitar que los pobres reclamen sus derechos económicos y sociales para asegurar la permanencia de los poderes políticos y religiosos, ya que, ¿quién quiere ser un perro en la próxima vida? O quizás no sería tan mala idea. Algunos perros son tratados mejor que muchos seres humanos.

Según la Biblia actual (después de un infinito número de traducciones, interpretaciones y modificaciones), el hombre muere una sola vez y después tiene que enfrentarse al juicio final. Las almas que han vivido en gracia, es decir, que han estado acorde con la fe cristiana, tendrán una conexión eterna con Dios, mientras que quienes han vivido en desgracia serán castigados en el infierno, también por toda la eternidad. Otra amenaza excelente que tiene la misma función: crear miedo y obediencia hacia los poderes establecidos.

Ninguna de estas teorías es verdadera. Ambas son interpretaciones de las enseñanzas de los maestros y son versiones muy convenientes para quien no quiere perder su poder. Al provocar miedo y represión, imposibilitan la liberación del amor verdadero, así que no me gusta ninguna de las dos. No tienen nada que ver con lo que los maestros nos trataron de decir. Son paradigmas del malestar.

La interpretación positiva

Sin embargo, es posible convertir la teoría de la reencarnación en un paradigma del bienestar. Si consideramos que nuestra misión es expresar y compartir nuestro espíritu a través del amor propio y al prójimo, podríamos decir que esto no es posible a menos que el alma esté encarnada, ya que ésta necesita la dimensión física, mental, emocional y social para expresarse.

No obstante, una sola vida no basta, porque la tarea es muy compleja. Para aprender a ser totalmente auténticos y expresar el amor en todos sus aspectos, necesitamos pasar por miles de experiencias distintas, como hombre, mujer, mendigo, emperador, «santo» y «pecador», en culturas y tiempos diferentes. El único juicio que tendremos que enfrentar después de la muerte del cuerpo, será responder a la siguiente pregunta: «¿Cuáles fueron los momentos o situaciones en que por miedo actué con desamor?».

La próxima vida nos da la oportunidad de vencer estos miedos en vivencias similares y, adicionalmente, nos coloca en situaciones y contextos nuevos para así seguir expandiendo la expresión amorosa de nuestro ser.

Las almas graduadas

Cuando hemos completado la tarea y cumplido con la misión, ya no hace falta volver a encarnar. Éste es el caso de los maestros iluminados como Cristo, Buda, Mahoma y otros. Estas almas no volverán porque se «graduaron». Completaron todo lo que tenían que hacer a través de la experiencia humana. Pero ¿dónde están ahora? Probablemente están haciendo alguna maestría o doctorado en otro lugar u otra dimensión, ¿quién sabe?

Todos podemos «graduarnos» espiritualmente. La iluminación es nuestro potencial y nuestra misión. La realización de esta tarea depende de si logramos liberarnos del condicionamiento de la cultura de la culpa y del miedo. Mientras más culpa y miedo, menos amor, y viceversa. Cada vida es entonces una oportunidad para reducir el miedo (la oscuridad) y aumentar el amor (la luz). Cuando desaparece el miedo por completo, también el de la muerte, nos graduamos.

Con esta interpretación de la reencarnación disminuimos el miedo, la culpa y la represión. Nos motiva a asumir la total responsabilidad de cómo vivimos nuestra vida y comprobamos que al llegar a nuestro destino final, nos transformaremos en hijos de Dios.

Conclusión

La conclusión más importante que podemos sacar es que como niños tuvimos que sacrificar nuestra autenticidad para adaptarnos al proceso de socialización. La experiencia de no sentirnos suficientemente amados nos dificulta cumplir la misión existencial de ser uno mismo, porque el dolor de la memoria emocional encierra el espíritu y reduce su expresión al mínimo. Tenemos entonces dos retos: por un lado, reprogramarnos a nosotros mismos y, por el otro, cambiar los métodos de crianza, el sistema educativo y la enseñaza religiosa para mejorar la manera de programar a nuestros hijos.

2

Evidencias de la programación

La programación inconsciente tiene un fuerte poder sobre nuestras vidas. Por un lado, nos obliga a revivir el drama de nuestra infancia al buscar lo *familiar*, a pesar de los malestares que ello produzca. Un ejemplo, ya mencionado anteriormente, es el de las personas que vivieron maltrato o alcoholismo por parte de sus padres y como adultos buscan parejas con una conducta similar. Por otro lado, esta programación se expresa fuertemente en los diferentes personajes que asume nuestra personalidad. Roles como el invisible, el héroe, el acusador, el indiferente, la víctima, el rescatador, entre otros, son ejemplos típicos de cómo el temprano condicionamiento nos influencia durante toda la vida hasta que nos damos cuenta de ello. A continuación, nos basaremos en los últimos dos roles mencionados para profundizar en este punto.

La víctima

Existen personas que se quejan todo el tiempo. Llegan tarde al trabajo y comienzan el día diciendo: «Cónchale, esta mañana no había agua, el tráfico para llegar era insoportable, ahora el jefe acaba de darme el trabajo ‹p'ayer›, el sueldo no me alcanza, este Gobierno no sirve; Dios mío, qué calor hace, el dolor de la cabeza me está matando», etcétera, etcétera y siguen así todo el día. ¿Alguna vez has compartido con estas personas? ¿Cómo te hacen sentir? No muy bien, ¿verdad? Parece que su malestar es contagioso, porque pronto tú también te sientes mal, a pesar de que comenzaste el día con buenos áni-mos. ¿Qué está pasando con esta gente? ¿Por qué se queja tanto?

Los quejosos sufren del denominado *síndrome de víctima*. Una víctima es alguien que dice: «Me siento muy mal, pero *yo no fui*». Evade la responsabilidad de sus malestares culpando al jefe, al Gobierno, a tal persona

o tal circunstancia. Justifica su descontento y mal humor, y se engaña a sí mismo para no tener que salir de su zona de comodidad, ya que al asumir la responsabilidad y decir «me siento mal y *yo fui*; yo soy el responsable de lo que me está ocurriendo», tendrá que esforzarse y tomar alguna acción para sentirse mejor.

La programación de la víctima

Nadie es víctima deliberadamente porque nadie busca adrede el malestar. Su manera de ser es influenciada por su memoria emocional. Cuando era niño experimentaba una carencia de afecto porque sus padres o eran «secos», es decir, poco afectivos, o estaban tan ocupados trabajando que pasaban poco tiempo con su hijo. Pero cuando le pasó algo, como enfermarse o tener un accidente, el malestar del pequeño provocaba un cambio drástico en la actitud de los adultos. Éstos se volvían más cariñosos y amorosos. Como esto se repitió con frecuencia, el niño concluyó que la mejor forma de conseguir un poco de afecto no es ser alegre y espontáneo, sino sentirse mal. El malestar se convirtió en su estrategia para ser amado y como adulto sigue repitiendo el mismo patrón sin darse cuenta.

Otra posible razón es que algún adulto significativo fue víctima y el niño aprendió la estrategia por modelaje, o una combinación de escenarios con situaciones traumáticas como maltrato, abusos o alcoholismo. En todo caso, la víctima expresa dolor emocional. Son personas decepcionadas, desinfladas y deprimidas. Al pedir compasión, lástima y atención a través de sus quejas, lo que realmente buscan es el amor que nunca recibieron. No toman ninguna acción para sentirse mejor porque sufren de una profunda inseguridad y baja autoestima. Tratan de deshacerse de su malestar quejándose, pero lo único que logran es regar energía negativa por todos lados, convirtiéndose en personas insoportables para los demás. Como tarde o temprano nos cansamos de ellos, nos alejamos, pero ellos, al percibir el rechazo y sentir la soledad, se quejan más todavía.

El rescatador

Los *rescatadores* son el tipo de personas que cuando las víctimas, con lágrimas en los ojos, dicen «pobre de mí», responden con un fuerte «sí, pobre de ti». Un rescatador también evade la responsabilidad de su malestar, pero de manera contraria a la de la víctima: preocupándose por y ocupándose en extremo de los problemas ajenos, asumiendo responsabilidades que no le corresponden.

Al igual que las víctimas, los rescatadores sufren de un dolor emocional inconsciente. Pero están tan absorbidos y sacrificados por el papel del «salvador» o del «buen cristiano», que no tienen tiempo para darse cuenta. Es su manera de evadir el dolor. Nunca dicen que «no» y nunca piden lo que necesitan y, por lo tanto, descuidan sus propias necesidades, acumulan frustraciones y resentimientos, y terminan agotados y deprimidos, porque las víctimas siguen sufriendo a pesar de la cantidad de compasión, lástima y atención que reciben.

La programación del rescatador

La programación del rescatador es muy común. La mayoría de nosotros la hemos recibido. Tiene que ver con las experiencias relacionadas con nuestro *no* como niños. Si nuestros padres utilizaron el amor condicional como método de crianza, aprendimos rápido que la estrategia para ser amado es eliminar la palabra *no* de nuestro vocabulario y convertirnos en buenos muchachos obedientes y complacientes.

Me acuerdo de mi abuela paterna. Ni mis hermanos ni yo queríamos visitarla por dos razones: en primer lugar, porque como era muy seca y estricta, sentíamos miedo de ella. Por otro lado, tanto su casa como ella olían fuertemente a naftalina (que utilizaba para evitar que los coquitos se comieran la tela de sus muebles). Pero cuando mi padre nos ordenaba visitarla teníamos que bajar la cabeza y acompañarlo. Cuando tocábamos la puerta de su casa, ella solía abrir y saludarnos con una «sonrisa de alcabala». Como todo niño, percibimos rápidamente la hipocresía y las incongruencias, así que al ver aquella sonrisa nos sentíamos más tensos todavía. Enseguida llegaba el olor a naftalina y era cuando mi padre decía: «Jan dale el beso a la abuela». Por supuesto no quería, pero entonces comenzaba la presión: «No seas maleducado, dale el beso. Mira que mal se siente la abuela porque no le diste el beso», y la abuela decía: «Tú no me quieres Jan, dame el besito, ¿sí?». Al final había que dárselo.

La hora del almuerzo era otro de estos momentos. El plato favorito de mi abuela era hígado frito y, a pesar de llantos y súplicas, teníamos que terminar el plato completo. Los argumentos de mi padre eran que la abuela lo había hecho con mucho cariño y que se sentiría muy mal si no lo comíamos.

Este ejemplo puede ilustrar el hecho de que cuando nuestro *no*, no ha sido respetado, sino asociado con rechazos, amenazas y castigo, la estrategia para ser amados es ser extremadamente complacientes. Las enseñanzas religiosas que relacionan el amor al prójimo con renuncia y sacrificio contribuyen a esta socialización distorsionada. Con una personalidad de rescatador somos dominados principalmente por el miedo a la desaprobación y por eso aguantamos el fastidio de las víctimas. No tenemos la fuerza interna para ponerle límites y decirle: «Toma tu problema, es tuyo, no mío», o «si no quieres seguir un consejo, entonces arréglalo tú», o simplemente «asume tu barranco»[12].

---

12 Venezolanismo. Expresión que significa «tomar conciencia de la situación problemática o negativa que se vive».

Las recompensas

Las recompensas que la víctima obtiene quejándose son obvias: ayuda, consuelo, lástima y, sobre todo, comodidad. El rescatador aparentemente no pide nada a cambio por todo lo que da. Sin embargo, la realidad es otra: al ser tan buena persona, busca recompensas en forma de admiración y reconocimiento. Él necesita que la víctima le haga sentir importante y poderoso, o simplemente como «alguien». Quiere escuchar «qué gran persona eres», o «gracias por existir», o «qué haría yo sin ti», etcétera, lo que muestra que se siente débil e insignificante, es decir, como «nadie». Él sufre entonces de la misma baja autoestima que la víctima y al igual que ella utiliza una estrategia infantil para conseguir el amor.

El incesto emocional

La relación entre víctima y rescatador ocurre con frecuencia en la familia. Imagínate una mujer que acaba de quedar sola con su hijo varón de cinco años porque se divorció o enviudó. Si dice a su hijo: «Ahora tú eres el hombre de la casa» o «tú nunca me vas a dejar, ¿verdad?» o «como yo soy la reina, ahora tú eres mi rey», el niño automáticamente interpreta que «la felicidad de mi mamá depende de mí» y asume sin protestas el papel del rescatador y protector de su madre. Se convierte en «proveedor emocional» de ella, lo que pone el orden natural al revés, ya que los niños vienen para ser *recibidores de afecto*, no proveedores. No han llegado al mundo para satisfacer las necesidades emocionales insatisfechas de sus padres. Son espontáneamente amorosos, no porque asumen el «papel para dar», sino porque es su naturaleza. Su generosidad afectuosa es una expresión de su esencia, de su verdadero ser.

El niño o la niña que es convertida en *cónyuge emocional* de su madre o padre deja de actuar desde su corazón abierto y comienza a sustituir su amor natural por un amor cada vez más contaminado por el miedo de no poder satisfacer a los adultos. Su amor espontáneo se convierte en una complacencia obligada, que se basa en miedo y culpa.

Como consecuencia de este *incesto emocional*, el niño o la niña no aprende a poner límites y termina viviendo toda su vida en función de las necesidades de sus padres (y luego de todos los demás), sintiéndose como un héroe fuerte, pero únicamente ante la debilidad de ellos. Con los años, el papel de cónyuge es sustituido por el de padre o madre, convirtiéndose, estos hijos, en «niños paternales», es decir, padres de sus padres.

«Mamitis», «papitis» y «familitis»

La dependencia creada entre la víctima y el rescatador no les permite vivir sus propias vidas. El hijo rescatador quizás intente liberarse, pero no logra avanzar porque es insoportable la culpa que siente cuando su madre víctima le dice: «No seas tan egoísta, ¿me vas a dejar sola después de todo lo que he hecho por ti?» o cuando se enferma para evitar que él se vaya. Entonces, ¿quién es el verdadero egoísta? Si el hijo llega a casarse, su matrimonio tendrá problemas porque él sufre de «mamitis» y su esposa nunca logrará ocupar el puesto número uno en su vida porque éste ya ha sido ocupado por la madre.

Sólo una mujer con baja autoestima acepta ser la número dos y como buena aguantadora, soporta la «mamitis» de su esposo, que insiste en vivir con su madre o muy cerca de ella, a pesar de su comportamiento avasallador. La esposa se transforma rápidamente en una víctima, quejándose de la suegra. Sin darse cuenta, lo cual sucede a menudo, el hombre ha complicado la situación al escoger (por familiaridad inconsciente) como cónyuge a una mujer con una personalidad muy similar a la de su madre para así poder repetir el papel de rescatador, teniendo ahora dos víctimas.

Esta suegra entrometida, posesiva y castradora se comporta como si fuera la dueña de su hijo y, por lo tanto, está en permanente competencia con su nuera. En Venezuela a este tipo de mujeres se les llama *cuaima*. Una cuaima es una culebra que persigue su presa hasta que logra su objetivo: morderla. ¡Qué buena metáfora!

Veamos otro caso. La persona más importante para una mujer con «papitis» es, por supuesto, su padre. Luego, según su prioridad emocional, vienen los hijos y, por último, el marido. Igual que la situación anterior, sólo un hombre con baja autoestima acepta el último lugar. Esta mujer permite que su padre complique o destruya su matrimonio. También puede suceder que se case con un hombre con una personalidad muy similar a la de este padre posesivo y controlador. Este tipo de padre necio, pedante y castrador se podría llamar entonces «cuaimo».

Esto no solamente ocurre entre padres e hijos, donde también la hija puede ser rescatadora de su madre y el hijo de su padre. También es bastante frecuente entre hermanos y parejas. Hay además quienes utilizan varios roles simultáneamente. Por ejemplo, quien es víctima en su pareja pero rescatador en su trabajo. Independientemente de la situación, tanto la mujer como el hombre escoge cualquiera de estos roles.

Adicionalmente, hay aquellos que sufren de «familitis». Si tienes un cónyuge con familitis, tu hogar es frecuentemente invadido por los padres, hermanos, cuñados, tíos, primos y sobrinos de tu pareja. Entran en tu casa sin avisar, van directamente a la nevera, la cual rápidamente dejan vacía, nunca traen algo para compartir y nunca saben cuál es la hora decente para retirarse. Tu pareja nunca les pone límites.

Juntos para siempre

La víctima y el rescatador no pueden separarse porque significaría abandonar la evasión y darse cuenta del dolor. Caerían en crisis. La víctima no quiere ser rescatada y el rescatador en realidad no quiere rescatar, porque ¿quién escuchará las quejas si no hay rescatadores y a quién voy a rescatar a menos que haya víctimas? El uno necesita del otro para poder seguir pretendiendo que todo está bien. El malestar en el matrimonio entre una víctima y un rescatador puede llevarles a tal extremo que uno de los dos es capaz de matar al otro (o a su posible amante), por celos enfermizos, o de pegarse un tiro. «Crimen o suicidio pasional» se le llama a este hecho y todo el mundo piensa: «Qué amor tan grande».

Las relaciones entre víctima y rescatador pueden aparentar ser muy amorosas, especialmente en relaciones de pareja o entre familiares, pero esto es una ilusión de armonía. Todos están atrapados en su malestar con un comportamiento repetitivo como si fueran robots guiados por un piloto automático. Se «aman», pero la dependencia, el control excesivo, la culpa, las manipulaciones y los celos enfermizos revelan la falta de amor verdadero, que está ausente porque ninguno aprendió a amarse a sí mismo. Cada uno está tratando de dar al otro lo que no tiene, lo que según los maestros es imposible. Su manera de evadir esta realidad, es colocarse sus respectivas máscaras y pretender que el dolor no existe.

El precio

Probablemente durante toda su vida, las víctimas se quejarán y los rescatadores darán consejos. Sin embargo, siempre pagarán un precio muy grande por su inconciencia: la pérdida de su libertad. Cuando la víctima afirma: «No soy el creador de mi malestar», entrega su libertad y su poder a los demás o a las circunstancias. «Son ellos quienes tienen el poder de hacerme sentir bien o mal —dice ella— así que, si ahora me siento mal, entonces, ellos son quienes tienen que cambiar o hacer algo para que yo me sienta mejor». El rescatador tampoco es libre porque vive a través de las necesidades de la víctima, al asumir la responsabilidad por su felicidad. No obstante, ninguno de los dos está consciente de ello. Son como presos que no se dan cuenta de los muros de la cárcel: se sienten libres.

3

Libérate de la programación

Hay familias que tienen una menor tendencia a crear víctimas y rescatadores, por lo que podemos encontrar hijas e hijos adultos y casados que viven cerca de sus padres sin dependencias destructivas. Éstas son las excepciones que confirman la regla. Cuando observamos la naturaleza vemos, por ejemplo, que los pajaritos salen del nido en el momento en que desarrollan sus alas. Algo similar sucede entre los seres humanos; los padres maduros y conscientes establecen lazos afectivos y sanos con sus hijos en los primeros años, pero saben que algún día tienen que soltarlos para que realicen sus propios sueños. En realidad, apoyan la liberación de sus hijos y como recompensa, éstos siempre mantienen una estrecha relación amorosa con sus padres, quienes, por su lado, siguen expandiendo sus propias vidas, ahora con la libertad de no tener que dedicarse a los hijos.

¿Cuál crees tú que sea tu situación? ¿Consideras que estás utilizando a alguien como muleta emocional?, o quizás no te has dado cuenta de que tú eres la muleta de alguien, o tal vez te diste cuenta, pero no has sabido cómo resolver la situación. O posiblemente, deseas ayudar a alguien que se encuentra complicado. A continuación encontrarás algunas sugerencias, pero ninguna tendrá el poder de ayudarte en tu vida, a menos que decidas ser lo más sincero posible contigo mismo y tomar la decisión de enfrentar las consecuencias –no siempre agradables– de asumir la responsabilidad por todo lo que estás viviendo. Sólo al darte cuenta de tu propia programación y de que tú eres responsable de tu malestar, serás libre para cumplir la misión de tu ser.

Obligación o libertad

La idea de que nosotros mismos somos los responsables de nuestras vidas es más fácil de entender y de aceptar, que de aplicar. Hagamos un ejercicio. Por favor, busca papel y lápiz. Piensa en un día cotidiano. Anota en un listado las cosas que consideras que *tienes que* hacer cada día, por ejemplo levantarte, asearte, desayunar, etcétera. Comienza cada frase escribiendo «tengo que...».

Ahora, piensa en las palabras «tengo que». ¿Qué asociaciones te surgen? Probablemente no muy agradables. Las típicas son estrés, apuro, agite, desgano, obligación, tensión u otras similares. Un día con muchos *tengo que* es entonces bastante deprimente, ¿verdad? Pero no te desesperes, te tengo una buena noticia: ¡no hay absolutamente nada en tu vida que *tengas que* hacer!

A menos que sea una sola cosa: morir. Es lo único que *tienes que* hacer. No *tienes que* levantarte, no *tienes que* asearte, ni *tienes que* comer o llevar a tus hijos al colegio, ni *tienes que* ir a trabajar.

«¡Que tonterías! –dirás–. Por supuesto que *tengo que* levantarme, asearme, comer, llevar a mis hijos al colegio e ir a trabajar». Bueno, tu protesta es comprensible, pero insisto: no hay nada que *tengas que* hacer en tu vida.

El principio

Quiero invitarte a observar tu vida desde otro punto de vista. Considera la frase «tengo que levantarme». Imagínate que acaba de sonar el despertador en la mañana y mientras te estiras, te preparas para levantarte de la cama. ¿Estás de acuerdo con la apreciación de que *en principio*, o *teóricamente*, puedes quedarte en la cama todo el día? ¿O acaso hay una persona parada al lado de tu cama con una pistola obligándote a levantar? Si respondes «no, nadie me está obligando a levantar», podemos seguir.

Lo que ocurre es que justo antes de levantarte tomas la decisión de hacerlo, es decir, entre varias opciones *escoges* la de salir de la cama. Pero, en principio, podrías haber escogido la opción de quedarte en la cama, ¿verdad?

Sigamos el ejercicio. Escribe de nuevo tu listado, pero ahora sustituye las palabras «tengo que» por la palabra «quiero». Luego compara los dos listados. ¿Cuál de los dos prefieres? Aquel con «quiero», me imagino. Y es lógico, porque «quiero» te da asociaciones mucho más positivas que «tengo que». Esta palabra te hace pensar por ejemplo en libertad, disfrute, oportunidades, felicidad, control y consecuencias. Parecen palabras más adecuadas a una vida en bienestar, ¿no crees? Son características de la vida que todos deseamos. Y es tan sencillo: simplemente cambia tu foco mental, sustituyendo unas pocas palabras. De esta manera, lograrás asumir una actitud que te permite ver las circunstancias de tu vida con nuevos ojos.

El asunto se aclara más todavía si colocamos los dos listados juntos:

Asociaciones de *tengo que:*

- obligación
- desgano
- deber
- estrés
- apuro
- agite

Asociaciones de *quiero:*

- libertad
- disfrute
- oportunidades
- felicidad
- control
- consecuencias

¿A cuál de los dos listados pertenece la palabra *responsabilidad*? Desde luego, al listado de *quiero*. Y ¿dónde se ubica la responsabilidad cuando *tienes que*, es decir, cuando te sientes obligado a hacer algo? Por supuesto fuera de ti, en las circunstancias o en otras personas. La actitud *tengo que*, entonces, forma parte del síndrome de víctima. Por lo tanto, esto es un «darse cuenta» muy importante. Al darte cuenta, es decir, al estar un poco más alerta, un poco más consciente, de tus actitudes y de tu manera de expresarte, tienes el poder de hacer algo al respecto. Pero tienes que practicar, porque la programación y los viejos hábitos son difíciles de cambiar.

Elimina la queja

Imagínate a dos personas que se sienten muy estresados por la misma situación. Una afirma: «Esta situación me estresa», mientras que la otra dice: «Me dejo estresar por esta situación». ¿Cuál de las dos es la víctima y cuál es la persona responsable? ¿Cuál de las dos está ubicando la responsabilidad de su estrés fuera de sí? Desde luego la primera, que dice: «Yo no fui, pobre de mí».

Como ejercicio para el resto de tu vida te recomiendo que cada vez que te des cuenta de que estás diciendo «tal cosa o tal circunstancia *me estresa*», inmediatamente reformules tu queja utilizando la frase «me dejo estresar por... ». Vivirás con una nueva perspectiva de la responsabilidad y podrás eliminar las quejas de tu vida. Al mismo tiempo, descubrirás un abanico de opciones para actuar. Para saber qué acciones puedes tomar para sentirte mejor, puedes seguir alguno de los siguientes ejercicios. El primero se denomina «Mi zona de influencia»: éste es un esquema mental muy sencillo, pero muy eficiente para salir del papel de víctima y para manejar cualquier fuente de presión, es decir, cualquier cambio, molestia, estrés o inconformidad, sin tener que quejarte.

Paso 1:

Hazte la siguiente pregunta: «¿La fuente de presión está *fuera o dentro de mi zona de influencia*?».

La «zona de influencia» es definida subjetivamente por ti como el área dentro de la cual tienes poder y libertad de acción, es decir, donde al utilizar tus recursos, conocimientos, experiencias y habilidades puedes actuar para modificar la fuente externa de malestar. Esta área a veces puede ser ampliada en la medida en que aumentas tus recursos, conocimientos, habilidades y, sobre todo, tu autoestima.

Paso 2:

Si decides que la fuente está *dentro* de tu zona de influencia, tienes vía libre para actuar. Cuando eres proactivo intentas influenciar la fuente para que se modifique a tu favor. Si el resultado de tus esfuerzos es positivo, significa que lograste cambiar la circunstancia y así resolver el problema. Pero si la situación queda igual a pesar de haber agotado todos los recursos a tu alcance, parece que lo que pensaste que estaba, o debería estar, dentro de tu zona de influencia, en realidad se encuentra fuera de ella. En este caso tienes que seguir con el paso 3, si no, es probable que te resignes, es decir, que vuelvas a caer en el papel de víctima diciendo: «Ya hice todo lo que se puede hacer y la cosa sigue igual. Pobre de mí, me la tengo que calar».

Paso 3:

En el caso de que la fuente de presión esté *fuera* de tu zona de influencia, bien sea porque evidentemente está fuera, o porque ya pasaste por el paso 2 sin éxito, hazte la siguiente pregunta: «¿Estoy dispuesto a *aceptar* la situación/realidad y a aprender a vivir con ella, si o no?».

Paso 3a:

En el caso de que la respuesta sea afirmativa, tu aceptación –si es verdadera– resuelve la situación no porque ésta cambie, sino porque tú cambias de actitud. Ahora tomas la situación con más calma, no te enganchas como antes, y así te quedas mental y emocionalmente libre para avanzar. Recuerda que aceptar no significa resignarse. La resignación es una actitud de víctima que no elimina el malestar.

Paso 3b:

Si tu respuesta es «no», tu única opción es estudiar responsablemente los pro y los contra de tu situación actual, y en el caso de que los contra pesen más que los pro, entonces debes tomar la difícil decisión de *alejarte* de la fuente de presión, es decir, por ejemplo mudarte, divorciarte o cambiar de carrera o de trabajo para buscar algo mejor. A menos que pienses que la misión de tu vida es sufrir.

Como víctima no tomas ninguna acción sobre las presiones que están dentro de tu zona de influencia y tampoco te alejas cuando no logras aceptar las que están fuera de ella. Te quedas aguantando una vida cada vez más insoportable, envenenando tu existencia y la de los demás, quejándote todo el tiempo. Ahora, si te levantas en la mañana sabiendo que la vida que estás llevando la escogiste tú y que siempre tienes opciones para tomar nuevas decisiones, eres libre.

Como persona libre, aplicas la versión actualizada de la *Oración de la serenidad*: «Señor, concédeme la serenidad para aceptar las cosas que no puedo cambiar, coraje para alejarme de aquellas que no puedo aceptar, valentía para cambiar aquellas que puedo y sabiduría para reconocer la diferencia».

El egoísmo responsable, otra vez

Este tema fue abordado brevemente en la primera parte, pero es tan importante que en esta vamos a profundizarlo.

Cuando la víctima le dice al rescatador «no seas tan egoísta, después de todo lo que he hecho por ti», está poniendo las cosas al revés, manipulándolo para hacerlo sentir culpable, pues en esta situación es ella la verdaderaególatra. Su actitud expresa un egoísmo *extremo*; constantemente está pidiendo algo: atención, lástima, consuelo, consejos (que, por cierto, nunca sigue), compañía, favores, dinero o cualquier otra cosa, pero no da absolutamente nada a nadie y nunca sale de su malestar.

Por otro lado, en su constante búsqueda de aprobación y afecto, el rescatador también manipula a la víctima siendo *extremadamente* responsable. Él sólo da y nunca pide; cargándose con todas las responsabilidades ajenas, se siente poderoso, importante y necesitado, pero termina la vida «quebrado», es decir, en malestar.

Ser responsable significa *responder* de una manera constructiva ante las diferentes situaciones de la vida. El rescatador sólo da y la víctima sólo recibe, siendo los dos *irresponsables*, porque responden destructivamente y crean malestar.

El bienestar proviene del balance entre los diferentes aspectos de la vida, incluyendo dar y recibir. Al ser egoístas responsables equilibramos el egoísmo extremo con actos de altruismo (de vez en cuando), y balanceamos el altruismo extremo con una dosis adecuada de egoísmo (de vez en cuando). Nuestra madurez, compasión y sentido de responsabilidad deciden cuándo, con quién y con qué frecuencia escogemos ser egoístas o altruistas. De esta manera, el egoísmo y la responsabilidad dejan de ser opuestos y se convierten en complementarios como base para una vida más sincera y auténtica. Debes darte cuenta de si estás manipulando a los demás para conseguir aceptación y reconocimiento. Recuerda que no tienes que agradarle a todo el mundo y no sientas pena si necesitas ayuda para cambiar.

Con el egoísmo responsable intentas:

- Crear un balance entre la satisfacción propia y la de los demás.
- Ser compasivo, pero también sincero.
- Enfrentar y eliminar los roles de manipulación, tanto los propios como los de los demás.
- Apoyar el bienestar de los demás, sin asumir la responsabilidad por el mismo.
- Eliminar la culpa.
- Asumir la responsabilidad en todas las áreas de tu propia vida.

¿Te acuerdas de tus catorce derechos, según Manuel S. Smith? A continuación detallaremos algunos de ellos.

Tengo derecho a ser mi propio juez

Significa que tienes el derecho a evaluar tu propio comportamiento, tus pensamientos y sentimientos, y a ser responsable de ellos. Cuando permites que los juicios y las opiniones de los demás sean más importantes que los tuyos propios, estás renunciando a la libertad de ser tú mismo y te esclavizas bajo la dictadura de otros, que tendrán el poder para decidir qué deberías hacer y cómo deberías actuar y pensar.

Tienes entonces el derecho a hacer las cosas a tu manera, pensar lo que piensas y sentir lo que sientes. Aunque a veces es importante saber escuchar a los demás, porque sus opiniones pueden ayudarte a concientizar detalles en tu personalidad que vale la pena reconocer y modificar, confía en tu propio criterio y sé *antiparabólico*[13] ante la mayoría de los comentarios ajenos.

---

13 Venezolanismo. Significa «indiferente».

Tengo derecho a no dar razones o excusas para justificar mi comportamiento

En tu infancia, casi siempre te exigían una explicación de todo lo que hacías, especialmente si habías cometido alguna desobediencia o habías realizado alguna acción prohibida. Por la amenaza de ser castigado y ante la pregunta «¿por qué lo hiciste?», no siempre te atreviste a ser sincero, o quizás no sabías cómo explicarlo, o simplemente te paralizaste por el miedo.

Como adulto, no tienes ninguna obligación de explicar tus comportamientos o decisiones a nadie, a menos que desees hacerlo. Estás en tu derecho a decir: «No sé por qué lo hice», o «no quiero hablar de esto», o «no es tu asunto». Si los demás se molestan por eso, no es tu problema.

Tengo derecho a definir mi propia responsabilidad en los problemas ajenos

Este derecho es uno de los más importantes. Para aplicarlo debes saber diferenciar entre *compasión* y *lástima*.

Si un amigo o un familiar está pasando por una etapa difícil en su vida, por supuesto le brindarás apoyo y consuelo, siendo compasivo y comprensivo, y le mostrarás tu afecto y tu amistad. ¿Pero por cuánto tiempo? Si después de un prolongado período tu amigo o familiar se queda deprimido e incapaz de reiniciar su vida, y tú sigues con la misma actitud de apoyo y consuelo, llegará el momento en que tu compasión deje de ser una expresión de amor y se convierta en una expresión de miedo. Sigues ayudando, pero ahora como rescatador, utilizas el sentimiento de lástima para justificar tu falta de coraje para poner límites y entregarle a tu amigo su propia responsabilidad. Tu excusa es: «No puedo decirle ‹no› porque se va a sentir muy mal».

Sentir lástima por alguien expresa irrespeto y desdeño. Es como decirle a tu amigo: «Pobre de ti, eres tan débil e indefenso que no puedo exigir de ti lo mismo que a una persona normal. Tengo que tratarte con mucha delicadeza y no puedo esperar que tomes cartas en el asunto para mejorar tu situación, porque, pobrecito, no tienes la fuerza para asumir la responsabilidad de tu propia vida».

Con esta actitud estás siendo prepotente y te sientes superior y poderoso. Adicionalmente, refuerzas a la víctima en su lástima por sí misma y, al mismo tiempo, creas sentimientos de agresión y rechazo en ti mismo hacia ella, porque terminarás culpándola por no permitirte vivir tu propia vida.

Un egoísta responsable nunca puede sentir lástima por alguien. Por lo tanto, después de haber mostrado durante algún tiempo genuina compasión, comienzas a exigir responsabilidad por parte del otro. La mejor expresión de amor que tú como egoísta responsable puedes dar es una «patada cariñosa» y decirle: «Ni te escucho, ni te ayudo más. Arregla tu asunto». Si el otro cae en crisis y te dejas manipular por la culpa, y mantienes tu actitud de rescatador, tienes que buscar ayuda profesional. De lo contrario, tú también terminarás como víctima.

Tengo derecho a cambiar de parecer

No es tan fácil ejercer este derecho porque nuestra cultura nos enseña con mucha insistencia la importancia de cumplir con nuestras promesas para ser considerados personas confiables y responsables. También hemos aprendido que tenemos que ser consistentes. Si hoy opinamos una cosa, mañana tenemos que mantener la misma posición. Si no, nos califican como superficiales y poco serios, y si caemos en contradicciones, nos tildan de confundidos.

Es bueno enseñar a los niños valores como la confiabilidad y la congruencia, es decir, a cumplir con su palabra y practicar lo que predican. Pero al mismo tiempo deberían aprender que tienen el permiso de reconsiderar sus promesas, opiniones o conductas si las situaciones, o la percepción de ellas, cambian.

Esto ocurre con frecuencia porque la vida es un cambio permanente. Si obedeces ciegamente las reglas de la confiabilidad, tarde o temprano estarás haciendo cosas que no quieres hacer o dejarás de hacer cosas que quisieras hacer por ti mismo. También te puedes encontrar diciendo cosas que en verdad no corresponde con lo que opinas, o te callarías cuando deberías hablar, es decir, pierdes la sinceridad.

Confía en tu voz interior. Debes ser lo más sincero posible, aunque esto signifique romper con una promesa o cambiar de opinión. Si, por ejemplo, has invitado a tu suegra a pasar el próximo domingo en tu casa, pero durante la semana te sientes agotado y con la necesidad de pasar el fin de semana solo con tu pareja, entonces debes saber que tienes el derecho de reconsiderar tu invitación. Tendrás que evaluar los pro y los contra: ¿qué es peor, «ofender» a tu suegra, posponiendo su visita, o arriesgarte a pasar el domingo con ella sintiéndote negativo y fastidiado? ¿Cuáles son los sentimientos que merecen mayor consideración, los de ella o los tuyos?

No es una decisión fácil y no hay recetas. Tienes que analizar cada situación por separado. Si tu suegra no es víctima, es muy probable que a pesar de su decepción inicial, termine comprendiendo tu situación, apoyándote en tu plan de descanso. Si ella se molesta mucho y no quiere aceptar el cambio, es probable que quiera tener el poder y el control sobre ti y tu familia. Depende de ti si se lo permites o no.

Tengo derecho a no preocuparme por lo que los demás opinan de mí

Estar continuamente preocupado por «¿qué dirán los demás?», es como vivir amarrado en una camisa de fuerza. La importancia que otorgas a las opiniones de los otros es el resultado del aprendizaje y modelaje guardados en tu memoria emocional. Dejar de ser espontáneo y sincero para complacer las expectativas de las otras personas y para «no molestar» a alguien, siempre fue la mejor estrategia para conseguir el reconocimiento y ganarte la aprobación de los adultos. Te adaptaste a sus paradigmas rápidamente y veinte, treinta o cuarenta años después, sigues preguntándote: «¿Qué dirán los vecinos?, ¿qué dirá la abuela?, ¿que dirá Dios?», antes de hablar o actuar.

No estoy recomendando que vayas al otro extremo y nunca más consideres las posibles reacciones o consecuencias de tus actos sobre las demás personas. Sería un egoísmo muy irresponsable. Pero libérate de la obsesión de tratar de complacer a todo el mundo.

Independientemente de lo que hagas, siempre habrá alguien que se moleste o que esté en desacuerdo. Así que toma la decisión de que de ahora en adelante considerarás más importante lo que *tú* piensas y opinas de ti mismo y de lo que haces. Atrévete a aguantar el malestar de la desaprobación provocado por tu honestidad y sinceridad, porque ¿qué es lo peor?, ¿que alguien te desapruebe por ser auténtico, o que tú te desapruebes a ti mismo por ser cobarde y deshonesto? En situaciones dudosas puedes hacerte la siguiente pregunta: ¿qué me haría respetarme más a mí mismo?, y déjate guiar por la respuesta de tu voz interior. A veces un buen lema es: «Lo que los demás piensan de mí, no es asunto mío».

Fábula de Esopo escrita hace 2. 500 años

En una aldea en las montañas, un viejo campesino y su nieto estaban preparándose para ir al mercado para vender un burro. Al terminar de limpiar y peinar el burro, comenzaron la fuerte bajada hacia la ciudad en el valle. Después de poco tiempo pasaron unas personas sentadas en el hombrillo del camino. «Mira esta pareja tan estúpida —decía una de ellas—. En vez de estar agotándose bajando esta pendiente a pie, podrían montarse en el burro y ahorrar sus fuer-

zas». Al oír esto, el viejo lo consideró una buena idea. Agarró al niño y se montó con él sobre el lomo del burro. Después de un rato, se encontraron con un grupo de personas que estaba subiendo por el mismo camino. «Mira esa gente tan floja, seguro que terminarán rompiéndole la espalda al pobre burro», dijo uno. El viejo pensó que quizás tenía razón y como él era el más pesado, se bajó del burro y siguió caminando a pie mientras que el niño se quedó sentado encima del animal. Poco después escucharon otros comentarios: «Mira ese niño tan irrespetuoso, montado mientras el viejo tiene que caminar». El viejo decidió que tenía razón y cambió con el niño. Ahora él cabalgaba mientras el niño caminaba, pero no duró mucho tiempo hasta que escucharon: «Qué viejo tan desconsiderado, cabalgando con tanta facilidad, mientras que el pobre niño está caminando». Los dos comenzaron a sentirse cada vez más confundidos y cuando al final recibieron un comentario crítico que indicaba que el pobre animal seguramente llegaría agotado al mercado y que por eso sería muy difícil venderlo, se pararon y se sentaron para que el burro pudiera descansar. Después siguieron el viaje, pero ahora de una manera muy diferente. Al final de la tarde la gente de la ciudad podía observarlos, llegando al mercado: agotados, cargando con el burro guindado de un palo entre ellos.

Vivir y dejar vivir

Si alguien te solicita ayuda porque se ha dado cuenta de su malestar, ayúdalo. Pero recuerda que quien no lo hace o no quiere hacerlo (reconocer que necesita cambiar), no cambiará, independientemente de tus buenas intenciones. Además, debes respetar que los demás no encajen dentro de tu «cajita de expectativas». ¿Quiénes somos nosotros para decidir lo que es mejor para otra persona o lo que debería hacer con su vida? Cada quien tiene su propio camino y, aunque parece extraño y contradictorio, este camino puede incluir malestar, por lo menos temporalmente.

Practica la autoobservación

Para romper el automatismo y dejar de actuar como un robot programado, el primer paso es darte cuenta, es decir, tomar conciencia. En la práctica se llama *autoobservación*. Al ser observador o «testigo» de ti mismo, aprenderás a estar más pendiente de tus comportamientos, actitudes o reacciones para comenzar su modificación. Cuando practicas la autoobservación, lo más importante es que tu «observador interior» sea neutral, es decir, que no emita juicios ni opiniones. Simplemente debes registrar como un científico lo que estás observando.

Observa tu conducta

- Trata de estar conscientemente presente cuando interactúes con los demás. Date cuenta de tu manera de hablar: el tono de tu voz, tus gestos, es decir, de tu lenguaje corporal. También observa tus actitudes y reacciones en diferentes situaciones. La idea es que descubras la conducta que genera desconfianza y obstaculiza la comunicación con los demás. Esta conducta no es la expresión de quien realmente eres, sino que pertenece a tu máscara. La meta es desarrollar una manera de ser cada vez más auténtica con el fin de crear mayor confianza y comunicación en tus relaciones.
- Date cuenta de cómo se comportan los demás en tu presencia y hazte las siguientes preguntas: ¿qué perciben los

demás de mí?; ¿cómo les hago sentir?; ¿cuál es la imagen que proyecto?; ¿me tienen miedo o confianza?, etcétera. Estas preguntas te ayudarán a ver el efecto de tu personalidad sobre los demás. También puedes hacerle estas preguntas directamente a los que te rodean y escuchar lo que te dicen, aunque no siempre tengan razón.

- Las conductas y actitudes que evidencian la máscara son la prepotencia, la agresividad, el pesimismo, el perfeccionismo, la inseguridad, la irresponsabilidad, la injusticia, el irrespeto, la insinceridad, el ser autocrático, la víctima, el rescatador, el acusador, el no saber escuchar, la indecisión, la inmadurez, el «mal carácter», el carácter «fuerte», la timidez y cualquier otra que te complica tu interacción con los demás. Afortunadamente, ninguna de estas conductas son heredadas genéticamente. Son expresiones de tu programación y, como tal, son modificables.

Busca satisfacción emocional

Si estás solo con tus hijos, es importante que dediques algún tiempo a tus propias necesidades emocionales con amigos o familiares queridos. Así podrás regresar «satisfecho» a la casa y tus hijos no tendrán que asumir la responsabilidad por tu felicidad y convertirse en tu cónyuge emocional. Quizás al principio protesten cuando quieras salir, pero rápidamente se darán cuenta de que regresas contento y eso los hará felices. Por lo tanto, apoyarán tu próxima salida.

Resuelve los conflictos

Esto mismo es aplicable si vives con tu pareja y tus hijos. Tener un espacio exclusivo para la pareja es indispensable para mantener la vitalidad y la «salud familiar» porque la felicidad en la familia depende fundamentalmente de la armonía en la relación adulta.

Por esta razón, es importante que no dejes que se prolongue por mucho tiempo un conflicto con tu pareja. Tus hijos, incluso los más pequeños, son tan sensibles que registran absolutamente todo lo que está ocurriendo entre ustedes, especialmente si tratan de esconder el problema. Ellos, a su vez, son vulnerables y se dejan afectar por las tensiones creadas por los inconvenientes e insatisfacciones, lo que a menudo resulta en conductas «problemáticas». Se vuelven, por ejemplo, «malcriados», o cambian su manera de ser para llamar la atención de ustedes, sus padres.

La causa de este comportamiento es que la mente infantil de tus hijos concluye: «Si logro desviar la atención de mis padres hacia mí y mi conducta, ellos no pelearán», y asume de esta manera el papel del rescatador de tu matrimonio.

Los padres normalmente piensan que el problema es el niño y lo llevan al psicólogo a quien le dicen: «Arrégleme a este chamo, porque está mal». Actualmente, la mayoría de los psicólogos está consciente de la relación que puede existir entre un conflicto no resuelto entre los padres y una conducta destructiva de sus hijos. Por lo tanto, si éste es el caso, cuando los adultos logran resolver su conflicto, el niño se «cura» porque ya no tiene más razón para seguir rescatándolos.

Cuando hay un problema de conducta de tus hijos, quien debería revisarse primero eres tú y tu pareja, porque tu hijo «malcriado» es un niño *mal criado* –por ustedes u otros adultos–. Los niños no nacen con un defecto de fábrica llamado «malcriadez». Ellos simplemente reaccionan de manera espontánea y natural ante el miedo provocado por el peligro de que mami y papi puedan separarse, y por tratar de comunicarles a estos gigantes que «por favor, dejen de pelear. ¿No se dan cuenta de que estamos asustados? Además, no estamos recibiendo lo que nos corresponde, y más adelante tendremos baja autoestima y poca capacidad para amar al prójimo».

La pregunta «¿qué es lo que estamos haciendo?, o ¿qué es lo que *no* estamos haciendo para que el niño se comporte así?», puede ayudarles a entender su responsabilidad en los problemas conductuales de sus hijos. Puede ser que no les dedican suficiente tiempo porque están trabajando demasiado o en el poco tiempo que logran pasar con ellos, no saben cómo acercarse afectivamente, o quizás se sienten agotados y estresados con la cabeza llena de preocupaciones. Otra razón posible es que ustedes no le saben poner límites a sus hijos. Si son demasiado permisivos, la malcriadez es una manera de buscar y provocar límites, porque sus hijos los necesitan. Si son demasiado estrictos, la malcriadez representa la rebeldía contra la opresión. Por lo tanto, además de asegurar un espacio exclusivo para tu pareja, también debes crear el espacio diario para el intercambio afectivo con tus hijos. Adicionalmente, tienes que aprender a poner límites de una manera adecuada. (Ver los apartados «La terapia antimalcriadez» y «Cómo poner límites» en el próximo capítulo.)

Desde luego, existen circunstancias y situaciones que afectan el comportamiento de los niños, sin que haya un conflicto entre sus padres o carencia afectiva. Pero en la mayoría de los casos, quienes necesitan terapia no son los niños, sino los adultos.

Si los conflictos no tienen solución, sepárate

Como último recurso, tienes el derecho de, responsablemente, alejarte de tu pareja. Quedarse juntos por el «bien de los niños» no es recomendable si significa mantener un ambiente familiar tenso y conflictivo. Esto les hace más daño a los niños que una separación. Bueno, depende. Igual que los matrimonios, hay divorcios buenos y malos, que pueden o no hacerle daño a los niños, dependiendo de la manera en que se manejen. ¿Has observado qué fácil es iniciar una relación amorosa con elegancia y elocuencia, pero qué difícil es terminarla con la misma dignidad? Imagínate que fuéramos capaces de decir adiós decentemente, de agradecernos el uno al otro por los buenos momentos y de considerar la convivencia un aprendizaje importante.

Algunas parejas logran separarse de esta manera y así es más fácil para los niños adaptarse al hecho de que mami y papi no viven juntos. Lo importante para ellos es que los vínculos afectivos no se rompan. Los niños sufren el daño más grande cuando al irse el padre o la madre desaparece y se rompe el contacto por completo. Ellos fácilmente se sienten culpables por la separación y concluyen que «mi papi (o mami) me abandonó porque no me quiere, porque yo soy malo». Por lo tanto, como adulto responsable tienes el derecho de divorciarte de tu pareja, pero no de tus hijos. Lo ideal es que los dos permanezcan amigos y que continúen considerando como un proyecto común el desarrollo de sus hijos.

Elimina la culpa de tu vida

En tus esfuerzos para crear bienestar, es indispensable que te des cuenta de los diferentes papeles que asumes y las posibles manipulaciones inconscientes inherentes a ellos. Independientemente de si eres más víctima o más rescatador, sólo al tomar conciencia y asumir la responsabilidad de estos papeles, tendrás la libertad y el poder de escoger actitudes y comportamientos diferentes. Es recomendable que repitas lo siguiente todos los días: «No estoy obligado a continuar con una vida llena de insatisfacciones. Nadie puede hacerme sentir culpable a menos que yo mismo lo permita».

Esto no quiere decir que pierdas la sensibilidad humana o dejes de ayudar a alguien que lo necesite, porque recuerda: tu egoísmo es responsable.

Acéptate a ti mismo

Si te encuentras atascado en relaciones o actitudes de víctima o rescatador, trata de entender que gran parte de tu personalidad fue «aprendida» muy temprano en tu vida y que este comportamiento ha cumplido con una función importante. Ha sido tu manera de pedir afecto. Fue la estrategia que aprendiste cuando eras niño. Es el niño o la niña que llevas por dentro el que ha continuado la búsqueda de amor y reconocimiento, pero no ha sabido cómo hacerlo de otra manera. Así que no te juzgues. Acéptate y perdónate a ti mismo por no haber sabido cómo actuar de diferente forma.

La paradoja misteriosa

Los cambios más profundos y verdaderos ocurren cuando logramos aceptarnos completamente, tal cual como somos en este momento. En el momento en que dejamos la «lucha» por cambiar y mejorar, en ese mismo instante comienza la transformación. Al hacer desaparecer el miedo, la aceptación nos convierte en personas relajadas y agradables. Es algo automático, porque nuestro espíritu, al sentir la aceptación, comienza a radiar su luz hacia fuera. Ahora ya no hay peligro, porque ahora se siente amado.

Esfuérzate

Los antiguos orientales hablaban de la misma paradoja: «No hay absolutamente nada que puedas hacer para llegar adonde tienes que llegar, pero a menos que apliques toda tu fuerza y hagas todo lo posible e imposible para lograrlo, nunca llegarás».

Aceptarnos a nosotros mismos no significa resignarnos ante nuestras «debilidades» o que nos conformemos con las situaciones de malestar creadas por ellas. Todo lo contrario, porque ¿qué preso se queda tranquilo cuando se da cuenta de los muros que lo encarcelan? ¿Quién se queda con los brazos cruzados y sin hacer nada, si ha descubierto el poder que tiene para sentirse mejor, a pesar de que el proceso de aceptación puede tomar bastante tiempo? Por lo tanto, hace falta una firme decisión de querer cambiar y la máxima fuerza de voluntad para lograr convertir esta decisión en realidad y salir del malestar.

Si quieres, te recomiendo el siguiente experimento, cuyo reto es tratar de resistir los impulsos habituales y observar lo que sucede.

Si tienes la tendencia a quejarte mucho y sientes «flojera» de hacer lo necesario para cambiar, es posible que estés siendo víctima. Tu experimento dura una semana y es el siguiente: todas las mañanas te debes sentar mirando una pared y durante cinco minutos debes quejarte a propósito como una víctima. Inventa cualquier queja. Actúa como si estuvieras sufriendo profundamente por todo lo malo en tu vida, por tu mala suerte y por la miseria de la humanidad. Además, durante la misma semana, abstente de hacer algún comentario negativo acerca de otras personas o referente a tu situación de vida, es decir, deja de quejarte. Al mismo tiempo prohíbete a ti mismo pedir algo a alguien, pero todos los días proponte conscientemente dar un regalo o ayudar a alguien.

Si deseas salir del papel de rescatador, tendrás que, conscientemente, dejar de ayudar a alguien durante una semana y hacer cosas solamente para ti mismo. Además, conscientemente tienes que pedir algo a alguien todos los días. (Puede ser un helado, un beso, un Mercedes Benz o cualquier otra cosa.) Durante la semana, oblígate a no seguir los viejos patrones y observa todos los pensamientos y sentimientos que se presentan en ti, pero sin juzgarlos como positivos o negativos. Sería útil si conversaras con alguien de confianza sobre lo que experimentas.

Devuelve la responsabilidad a quien le pertenece

Si tienes tiempo rescatando a todo el mundo, necesitas aprender a diferenciar entre la responsabilidad ajena y la tuya, y resistir la tentación de resolver los problemas de los demás. Como ya hemos visto, esto no significa que dejes de preocuparte por el bienestar de otros, sino que dejes de sentir lástima por ellos. Ahora entiendes que cuando sientes lástima por alguien, en realidad le estás faltando el respeto. Con tu actitud de salvador estás apoyando su debilidad e imposibilitando su crecimiento.

Por lo tanto, la mejor ayuda y una clara expresión de amor y respeto es a veces decir: «No, de ahora adelante tendrás que ayudarte a ti mismo». La crisis que tu egoísmo pueda provocar en la vida de la otra persona puede impulsarla a, por ejemplo, buscar ayuda profesional y así lograr salir adelante, ahora fortalecida como persona y capaz de asumir la responsabilidad por su propio bienestar. Si esto no ocurre y la víctima sigue igual, tendrás que alejarte, sabiendo que su sufrimiento no es culpa tuya.

Aprende a decir «no»

Otro tema que ya hemos abordado trata del por qué respondemos «sí, como no» a una solicitud, cuando en realidad queremos decir «no». ¿Por qué no somos sinceros? Los posibles motivos son muchos:

- No quedar mal con el otro
- Evitar conflictos
- Obtener algún beneficio
- Evitar sentimientos de culpa
- No herir los sentimientos del otro
- Cumplir con lo que consideramos nuestras obligaciones

A veces, nuestra falta de sinceridad se basa en motivos más positivos como, por ejemplo, querer enfrentar un reto o querer ganar tiempo para poder resolver un problema en otro momento.

Pero si tu «sí» es consecuencia del miedo al conflicto o a la desaprobación del otro, entonces ya sabes que tu ayuda y apoyo no se basan en el amor, sino en la inseguridad, y que por considerar exageradamente a los demás, estás, por un lado, debilitando el respeto por ti mismo, y por el otro, creando secretos resentimientos hacia la gente que estás ayudando. Claudia me contó con desesperación la siguiente historia de su situación laboral:

> *He trabajado como asistente ejecutivo durante más de doce años y me ha ido bastante bien. Sólo hay una cosa que me molesta, y es la costumbre de mi jefe de pedir un trabajo «para ayer» justo antes de terminar la jornada laboral. «Esto tiene que salir mañana en la mañana», suele ser su comentario. Fue así desde el principio, pero en los primeros años no sentía malestar porque era joven y quería mostrarme responsable y comprometida. Pero desde un tiempo para acá, me estoy sintiendo cada vez más irritable y molesta por lo que ahora considero un abuso de mi buena voluntad. Es mi culpa. Lo he consentido hasta tal punto que ni siquiera me pregunta si tengo algo que hacer. Está tomando por sentado que mi compromiso es incondicional. Mi problema es que no sé cómo dirigirme a él para hacerle ver que está siendo caprichoso conmigo y que debe ser más considerado, por lo menos de vez en cuando. No me atrevo a decirle nada porque tengo malas experiencias del pasado. Cada vez que he intentado indicarle que no estoy conforme, lo ha tomado como si fuera una crítica personal y ha asumido una posición muy defensiva. Una vez se molestó tanto que trató de ignorarme durante casi tres semanas. Me siento furiosa, especialmente por mi*

propia cobardía. No sé cuántas horas extras he trabajado (muchas veces sin que existiera una emergencia verdadera) sin recibir un centavo de recompensa. De verdad que estoy al borde y pienso que debo renunciar.

¿Nunca has sentido el sabor amargo de esta misma cobardía? Hay pocas personas que no lo han experimentado. Casi todos podemos recordar situaciones del pasado (o del presente), en las cuales no tuvimos la valentía para ser completamente sinceros. Pero al darnos cuenta, no podemos permitirnos continuar con lo mismo. Al comprender que esta conducta proviene de un niño o una niña con miedo a la autoridad y miedo a «no dar la talla», puedes comenzar a atreverte a actuar de manera diferente a pesar de la inseguridad. Cada vez que lo logras, la cobardía infantil se debilita, hasta que desaparece. Si no, necesitas buscar ayuda.

Elimina los miedos infantiles

El entrenamiento para reducir el miedo escénico y muchos otros temores infantiles sigue una regla muy sencilla: si actúas a pesar del miedo, el miedo se disminuirá gradualmente por cada intento.

Con otras palabras: ¡atrévete! y ¡arriésgate! Cada vez que experimentas el orgullo de haber hecho algo importante para ti a pesar del miedo, tendrás más coraje para intentarlo de nuevo. En la psicología conductista esto se llama «el proceso de *desensibilización*». En el caso del miedo escénico, es de gran ayuda prepararse bien ante la exposición, tanto en lo teórico como en lo práctico. Haz ensayos en tu casa, memorizando lo que vas a decir y consigue un pequeño público de tus mejores amigos o seres queridos para que te hagan una crítica constructiva de tu «espectáculo». También puedes ir a un curso de oratoria y, adicionalmente, puedes aprender la técnica mental de visualización positiva con la cual te puedes preparar mentalmente, visualizando el éxito como si ya hubiera ocurrido.

Si nada de esto funciona, significa que las grietas en tu autoestima son tan grandes que necesitas terapia para cerrarlas.

Haz una «miniterapia» con tu niño o niña interior

- *Conoce a tu niño interior.* Una manera es observar fotos de tu niñez y hacer una lista de cualidades (tuyas) reflejadas en ellas. Date cuenta de los pensamientos y sentimientos que surgen mientras lo estás haciendo y permite su expresión si es necesario.
- *Reconoce a tu niño interior.* Todos los niños tienen la necesidad de ser vistos, escuchados y entendidos. Al tomar contacto directo con tu niño interior, estás confirmándole que estás tomando en serio estas necesidades. Puedes hacerlo iniciando un diálogo interno contigo mismo, «fingiendo» que estás hablando con un niño o una niña. Pregúntale cómo está, si desea algo en particular, si necesita tu ayuda en algo, etcétera. Unos minutos diariamente pueden ayudarte mucho, especialmente ante situaciones que te causan angustia. También puedes dejar que algunas cosas que te compres, sean para tu niño o niña interior.
- *Consuela a tu niño interior.* La mayoría de nosotros tiene un niño interior «desnutrido», es decir, que ha experimentado una carencia de afecto y seguridad. Un ejercicio excelente para remendar esta carencia es hablarle cariñosamente a un peluche o a una almohada, como si fuera el niño o la niña. Dile cuánto lo quieres y qué bello es, y que nunca lo vas a dejar. A lo mejor te causará pe-

na hacerlo, especialmente si eres hombre («macho que se respeta no habla con peluche»), pero con el tiempo te acostumbrarás y verás qué bien te hace sentir.

- *Escucha a tu niño interior.* Cuando te sientes triste, deprimido, con miedo o con ira, abraza a tu niño interior (el peluche o la almohada) y pide que te hable sobre cómo se siente. Escucha atentamente y permite que exprese sus sentimientos. Escúchalo también ante decisiones importantes. A veces es necesario actuar contra su voluntad, especialmente en situaciones relacionadas con cambio de hábitos o cuando tienes que asumir nuevos retos. Trata de calmarlo y pretende que tomas su mano para que enfrenten lo «incómodo» juntos. En otras ocasiones deja que el niño decida, por ejemplo, cuando quieres pensar más en ti que en los demás.
- *Da espacio a tu niño interior.* En el día a día ocurren situaciones que pueden provocar emociones. A veces es correcto controlarlas, mientras que en otras ocasiones lo mejor es expresarlas libremente. Date cuenta en qué medida tiendes a intelectualizar o reprimir tus sentimientos, es decir, a obligar a tu niño interior a «callarse» cuando en realidad quisieras tener el coraje para expresarte. No te juzgues o critiques cuando lo detectes, porque tu niño ya ha recibido suficientes regaños. Simplemente, observa qué está ocurriendo y poco a poco atrévete a decir las cosas como son cuando lo consideres apropiado.
- *Busca ayuda para tu niño interior.* Como he mencionado anteriormente, este trabajo significa entrar en un área con dolor, tristeza e ira reprimida. Pocas personas quieren hacerlo voluntariamente porque el proceso asusta. Además es difícil saber lo que nuestro subconsciente está

escondiendo y cómo manejar correctamente lo que encontramos. Por lo tanto, como ya he señalado, puede ser necesario pedir apoyo profesional en algún momento.

Enfrenta tu pasado

Sé feliz y agradecido por lo que fue positivo, pero deja de minimizar lo negativo y lo que ha dañado tu autoestima. Comentarios como «a mí me pegaron todos los días, pero no me pasó nada» o «recibí muchas palizas, pero era un niño tremendo, así que lo merecía», son simplemente parte de tus defensas. La verdad es que experimentaste muchas cosas dolorosas que definitivamente no te merecías. Puede ser duro admitir que tus padres fueron crueles a veces y que te hicieron daño. Recuerda que en su ignorancia lo hicieron con las mejores intenciones. Sólo la verdad puede liberarte. Si insistes en idealizar a tus padres o tu pasado, será muy difícil sanar las heridas. Si te sientes cómodo, conversa con tus padres si todavía están vivos. No para pasarles factura, sino para buscar claridad en lo que realmente sucedió. Consulta también con hermanos u otros familiares sobre lo que ellos saben de tu infancia. Toma en cuenta que pueden haber sido otras circunstancias las que pudieron haber contribuido a debilitar tu autoestima. Puedes preguntarte lo siguiente a ti mismo o a los demás:

- ¿Fui un niño deseado?
- ¿Tenía el sexo «correcto»?
- ¿Fui víctima de muchas burlas en el colegio?
- ¿Fui una «muleta emocional» para mi padre o madre?
- ¿Tuve profesores muy estrictos en la primaria?
- ¿Fui víctima de negligencia o abandono?

Infórmate

Convierte el tema «autoestima» en algo importante en tu vida. Lee libros sobre crecimiento personal y cómo ser padre o madre. Busca consejos y asesoría con otros padres o participa en algún curso o taller.

Admite que necesitas ayuda

Habla con alguien de confianza sobre tus sentimientos. Simplemente el hecho de ser escuchado puede ayudarte. Pero cuidado con la actitud de víctima y evita utilizar amigos o familiares como terapeutas por mucho tiempo a la vez. Puede ser contraproducente porque al final tendrás diez o más consejos diferentes y mayor confusión. Además, habrá amigos que se cansarán de escuchar tus problemas.

Si lo que intentas hacer individualmente no da resultados, o si hacer algo solo te causa angustia, lo más prudente es pedir cita con un psicólogo o psiquiatra. No significa que estés loco o enfermo, sino que no estás dispuesto a rendirte tan fácilmente. Necesitas ayuda para reparar los daños más severos de tu autoestima. Sólo los más valientes escogen esta opción.

4

La nueva programación

Un principio fundamental en el proceso de socialización es que los niños siempre repiten el comportamiento que les otorga más atención, independientemente de si la atención es positiva o negativa. Si les damos mucha atención negativa por una conducta no deseada, estamos reforzándola en vez de modificándola. Fuertes regaños repetidos con insistencia es entonces un método poco recomendable, no solamente porque empeora la conducta que tratamos de mejorar, sino también porque implica humillaciones y descalificaciones que dañan la autoestima del niño. La famosa «malcriadez» no es algo innato en los niños, no nacieron con ella. Si tenemos un hijo o una hija con problemas de conducta, quienes debemos revisarnos somos nosotros, los padres. Algo estamos haciendo o algo *no* estamos haciendo que provoca el comportamiento destructivo o fastidioso. Nosotros adultos somos responsables, ellos no, por lo menos en los primeros doce años de su vida.

> *Un niño que recibe amor incondicional, acompañado con una firmeza no agresiva, nunca será «malcriado», pero tampoco será siempre obediente.*

Existen muchos libros excelentes sobre cómo tratar y educar a los niños, utilizando los paradigmas actualizados. En este capítulo compartiremos algunas sugerencias prácticas acerca de cómo programar a nuestros hijos de manera que les ayude a convertirse en quienes realmente son.

Evita el agotamiento y el estrés

Cuando te estresas, la posición defensiva de pelear o huir se expresa en tu comportamiento. Si tiendes a «pelear», te pones impaciente, irritable, agresivo y hasta violento. Si tu personalidad es más de «huir», buscas aislarte y eres introvertido, «sordo» y «mudo». Independientemente de cómo reaccionas, el cansancio y el estrés no te permiten expresar tu amor como quisieras. También te hace mentalmente distraído, lo que trae como consecuencia que tus hijos, especialmente los pequeños, se vuelven insoportables, inventando cualquier travesura para llamar tu atención.

La razón es que, aunque ellos ven tu presencia física, no perciben *el contacto emocional* contigo, porque al estar distraído, estás emocionalmente ausente. Como los niños pequeños no son seres intelectuales todavía, no pueden sentirse conectados y nutridos a menos que se establezca un *puente afectivo*. Los niños pequeños necesitan *sentirte*. Tus ideas y opiniones no son importantes todavía. El puente intelectual se logra más adelante, pero el contacto afectivo es la vía comunicacional más importante en los primeros años (y toda la vida).

Si los pequeños no han construido el muro todavía, tienen siempre su parte del puente afectivo extendido porque son amorosos por naturaleza. Pero si no eres capaz de extender tu parte del puente, no hay conexión, lo que para los niños es percibido como una amenaza y se sienten abandonados. Por la angustia que esto genera, ellos desesperadamente buscan el contacto a través de conductas poco agradables. Se vuelven «malcriados». Por lo tanto, en la mayoría de los casos, «malcriadez» no es nada más que un síntoma de «hambruna» afectiva. A veces el problema no se origina en el seno familiar, sino en ambientes externos, por ejemplo en el preescolar. De todas formas, si la carencia afectiva es acompañada de exigencias muy rígidas y muchos regaños irrespetuosos, su conducta se vuelve todavía más destructiva e incontrolable. Por lo tanto, si tienes algún problema de estrés, es muy importante que sepas cuidarte a ti mismo para evitar el agotamiento y reforzar la paciencia.

¿Alguna vez te has preguntado por qué nos descuidamos tanto? ¿Por qué nos estresamos y desesperamos y creamos tanto malestar? La industria petrolera venezolana tiene un lema muy bonito para la causa del conservacionismo ambiental: «Cuidar es querer». Quisiera modificarlo un poco y decir: «Cuidarse es quererse» o «si me quiero, me cuido». Si no nos cuidamos, es porque carecemos de amor propio. El descuido que permitimos en nuestras vidas proviene de un profundo sentido de que no somos dignos de ser amados y por eso no merecemos ser felices. Si esto es así, ¿qué estamos haciendo para cambiarlo? (Para información más detallada sobre este tema, consulta «El manejo del estrés» al final del libro.)

Aplica la terapia «antimalcriadez»

Al llegar a la casa, dedica los primeros treinta o sesenta minutos a un intercambio intensamente afectivo con tus hijos. Olvídate de los quehaceres del hogar, la revisión de tareas, la modificación de conducta y, especialmente, de la oficina u otros temas «problemáticos». Deja el papel de fiscal general y olvídate de la «crianza», olvídate de que eres madre o padre. Deja que salga la niña o el niño que tienes por dentro. Simplemente relájate jugando con tus hijos, abrazándolos y «apurruñándolos»[14] con muchas palabras de cariño y reconocimiento. Hazles *sentir* tu amor. Y conscientemente *permítete recibir el amor que ellos te están dando*. Nútrete de él. Te garantizo que dentro de pocos días observarás un mejoramiento considerable en el comportamiento de tus hijos y tú te sentirás mucho menos estresado.

Mientras estás jugando con tus hijos, aplica la técnica para eliminar la dispersión mental: *sentir algo físico*. Cuando te des cuenta de

---

14 Venezolanismo. Significa «abrazar con fuerza y con cariño».

que estás pensando, por ejemplo, en la oficina, simplemente siente tu propia respiración

o cualquier otra sensación física. Esto te ayudará a sentirte más relajado y a mantener tu corazón abierto hacia los niños. Estarás más *presente* y tus hijos se sentirán conectados y satisfechos.

Después, puedes averiguar sobre las tareas o las conductas que han tenido y aplicar la firmeza respetuosa si decides castigarlos. Si no logras ningún cambio, es posible que haya otras fuentes de perturbación que afectan a tus hijos, como por ejemplo el preescolar o el colegio. En todo caso, no dudes en buscar asesoría profesional.

Evita el drama si el niño no quiere comer

¿Qué tal si le sirves a tu hijo menos sopa para que pueda terminarla o quizás querer repetirla? Y si no le gusta la sopa de brócoli, ¿por qué seguir insistiendo? ¿Y si el niño no tiene hambre? Bueno, ¿quién es responsable del hecho de que se acabe de comer una galleta dulce? Los dulces quitan el hambre, entonces el niño dice: «No tengo hambre» (que es la verdad), y tú le dices: «¡No, señor. Tú sí tienes hambre, así que come y no te levantes hasta que termines el plato!».

El «drama» familiar alrededor de la comida es fácil de eliminar. Lo más importante es que comiences a confiar en la propia naturaleza de tus hijos. Ellos no morirán por dejar de comer de vez en cuando. Pero para que puedan tener hambre a la hora de comer, tienes que controlar su consumo de galletas, chucherías y refrescos, porque suben el nivel de azúcar en la sangre y hacen que su cerebro registre la sensación de llenura. Adicionalmente, tienes que darles a tus hijos una atención afectiva adecuada, es decir, tiempo de calidad. Muchas veces los niños no quieren comer, no porque no tienen hambre, sino porque al decir «no quiero comer», reciben mucha atención. Si ésta es la razón, hay que aplicar la terapia «antimalcriadez» y, al mismo tiempo, respetarlos cuando no quieran comer, diciéndoles: «Está bien, pero quédate sentado aquí con nosotros» y no darles más atención, sino inmediatamente iniciar una conversación con los demás miembros de la familia sobre otras cosas. Lo que normalmente lleva al que no quería comer a pedir comida.

Otra razón por la cual los niños no quieren sentarse y comer junto con toda la familia es que los padres muchas veces son exageradamente rígidos y estrictos: expresiones hostiles como «¡siéntate derecho!», «¡no hables con la boca llena!», «¡agarra bien los cubiertos», «quita el codo de la mesa!», crean un ambiente de mucha tensión en la mesa. También puede ser porque hay conflictos no resueltos entre los adultos. «No quiero comer», significa en estos casos: «No quiero sentarme con ustedes porque las tensiones que ustedes están creando, me generan una angustia insoportable». Esto explica el misterio de que el mismo niño sea un «glotón» cuando se queda en la casa de los amigos.

No seas perfeccionista

La perfección es una meta inalcanzable, una imposibilidad, una utopía. Lo perfecto es algo que ha completado su desarrollo, algo que no tiene más potencial de mejoramiento o crecimiento; por eso no existe en lo que tiene vida.

Psicológicamente, como perfeccionista, estás motivado por el mismo miedo de siempre: a no ser aceptado y amado por los demás. Te sientes inconscientemente muy inseguro de ti mismo; no sabes recibir críticas sin sentirte herido o ponerte a la defensiva, crees que un error o una equivocación es algo imperdonable y que para obtener reconocimiento tienes que ser perfecto en todo. Así, vives con demandas y exigencias extremas hacia ti mismo y hacia los demás. Por lo tanto, nunca puedes relajarte ni disfrutar tu vida. Significa sentirte siempre descontento y frustrado. Tu tensión permanente te produce un estrés negativo, no solamente para ti, sino también para las personas que te rodean.

Si no aguantas el desorden, es mejor que no tengas hijos.

No sé si alguna vez has entrado a la casa de un perfeccionista. El orden y la pulcritud te hacen pensar que te encuentras en una mueblería. Viven cuatro niños allí, pero no se ve ni un juguete en ninguna parte, pues se encuentran en la habitación de los pequeños, todos perfectamente ordenados en sus estantes. Sólo faltan las etiquetas con los precios para que parezca una juguetería.

Para los niños, la persecución en busca del orden por parte de los adultos provoca alguna de estas dos posibles reacciones: o se adaptan, convirtiéndose en «superordenados», o se rebelan, volviéndose cada vez más desordenados y flojos. En ambos casos, el perfeccionismo ha causado un daño emocional.

Es obvio que necesitas un poco de orden y disciplina en tu hogar. Y debes tenerlo, porque es mejor para tus hijos. Ellos necesitan estructura para sentirse seguros. Pero *no seas perfeccionista*, ni con el orden, ni con los modales, ni con los resultados escolares o deportivos. Ganar la competencia

o sacar la mejor nota en el colegio siempre es la meta, pero no siempre se puede lograr. Además, el hecho de que tu hijo o hija esté en el cuadro de honor no garantiza que sea feliz como adulto. Puede ser que ocurra lo contrario, porque con tu «persecución» y exigencias extremas, tus hijos se sentirán permanentemente presionados y desarrollarán una angustia profunda, pues aprenderán que «el amor hay que ganárselo siendo perfecto». Así no aprenden a amarse a sí mismos. Puede ser que lleguen «lejos» con mucho éxito profesional y económico, pero tendrán un fuerte nerviosismo y malestar por dentro el resto de su vida y poca capacidad para crear relaciones afectivas, es decir, no serán muy felices.

Consejos para dejar de ser perfeccionista
- Admite que padeces de perfeccionismo.
- Admite errores y equivocaciones (de ti mismo y los demás) –a pesar del malestar– y observa como te relajas cuando aprendes a aceptarlos. Recuerda todos los días que eres digno de ser amado independientemente de tus logros y resultados.
- Haz una reprogramación mental, tratando de considerar tus errores como fuentes de conocimientos nuevos. (Pero intenta no repetir el mismo error.)
- Desarrolla la amistad contigo mismo. Aprende a reconocerte y a elogiarte a ti mismo y a los demás todos los días.
- Busca ayuda profesional.

¿Cómo poner límites?

El método que debes utilizar cuando quieres establecer límites para tus hijos es *la firmeza respetuosa*. Se aplica de maneras diversas, dependiendo de la edad de los niños. Con los más pequeños las palabras claves son *paciencia* y *firmeza física*; por ejemplo: tu hijo de tres años está jugando con su Lego. Son las ocho de la noche y tú quieres que se bañe ahora. Después de pedírselo respetuosamente tres o cuatro veces, recibes la misma respuesta: «Ya va, mami (papi)». En ese momento, estás listo para pegarle un grito, amenazarlo con la correa o llevarlo al baño por las orejas y con eso seguramente se bañaría. Pero con tu nueva conciencia no te dejas «enganchar» porque no quieres ni humillar ni asustar a tu hijo. En nuestro ejemplo, tampoco quieres bañarte con él o llevar el Lego al baño (que podría ser una solución). Con claridad sobre lo que estás haciendo, agarras al niño (sí, contra su voluntad), y con una sonrisa le dices: «Sé que no quieres bañarte ahora mi amor, pero yo sí quiero, así que ¡vamos!». Sin discusión y sin irritación, pero firmemente, lo llevas al baño mientras lo abrazas e ignoras sus protestas y llantos. Ahí le quitas la ropa, lo colocas en la ducha, le das un juguete y abres el chorro del agua. El niño pronto comenzará a jugar y, después de unos diez minutos, cuando le preguntes «¿ya estás listo, mi amor?», es muy probable que te responda «ya va, mami (papi)» y que, al final, tendrás que sacarlo de ahí con la misma firmeza que utilizaste para meterlo. (¿Alguien te ha dicho que ser madre o padre es fácil?)

Negocia con tus hijos

Con los niños más grandes y, especialmente con los adolescentes, la palabra clave es *negociación*. Ahora ellos ya tienen su cerebro pensante suficientemente desarrollado como para entender tus argumentos. Lo importante aquí es que sigas consciente de que tu manera de reaccionar y poner límites puede causar humillaciones y la sensación de no ser amado. No quieres enseñar a tus hijos que son amados sólo cuando obedecen la autoridad. Esto no significa que nunca puedes enfadarte, pero si logras manejar la técnica de la negociación, habrá pocas situaciones que provocarán tu ira.

Puedes comenzar por ponerte de acuerdo con tus hijos sobre cuáles son sus deberes. Puedes incluir tareas como mantener el cuarto en orden (pero no perfecto), cepillarse los dientes, cumplir con las asignaciones escolares y fregar los platos. Hagan una lista juntos que muestre quién hará qué y cuándo, y escucha con respeto sus diferentes ideas y objeciones porque puede ser que tengan razón. Puede haber detalles en su realidad que tú desconoces. Después, hagan otra lista con las cosas que ellos desean tener, las libertades que quieren disfrutar u otros beneficios. Tienes todo el derecho de imponer ciertos límites, por ejemplo, la hora en que deben regresar de una fiesta, pero siempre es mejor llegar a un acuerdo, negociando. La regla principal de la negociación es, por supuesto, que los jóvenes no gozarán de los beneficios y las libertades a menos que cumplan con los deberes. Lo más importante, especialmente para los adolescentes, es que sientan que tú confías en ellos. Eso quiere decir que no puedes estar «encima» de ellos chequeando y criticando a cada rato lo que hacen. Cuando un joven siente que sus padres le tienen confianza, se siente motivado a comportarse con más responsabilidad y a respetar las reglas establecidas (aunque no siempre).

Si comete alguna infracción, lo primero que debes hacer es escuchar bien las explicaciones del joven, pues es posible que sus «excusas» sean razonables y aceptables y, por lo tanto, no amerite castigo. Muchos adolescentes se quejan de que sus padres no les creen cuando les explican cómo ocurrieron algunas situaciones problemáticas o peligrosas, así que ¡cree en tus hijos! Si no, estarás provocando una rebeldía totalmente innecesaria. Ellos necesitan sentir que eres su aliado.

Recuerdo que cuando uno de mis hijos tenía trece años, raspó[15] matemáticas. Cuando conversé con él descubrí la razón: ¡estaba enamorado por primera vez! Tuve que admitir que era una excusa «casi aceptable»; por lo menos no pude castigarlo. De todas formas llegamos al acuerdo de que no podía seguir descuidando los estudios por eso y en el siguiente lapso subió la nota.

Si las «excusas» no son aceptables, aplica una penitencia, eliminando temporalmente algún beneficio, por ejemplo, no comprarle cierto regalo de Navidad o prohibirle la ida a una fiesta o a casa de los amigos. Puedes incluso establecer la severidad del castigo negociando con tu hijo o hija. No hace falta ponerte agresivo ni hostil, pero sí firme. De este modo, lograrás eliminar el amor condicional. El amor ni siquiera forma parte del esquema porque no es negociable. Está siempre presente en tus expresiones de afecto independientemente de los premios y los castigos que tus hijos reciban. Por ejemplo, si tu hijo se siente muy mal por el castigo, puedes abrazarlo y

---

15 Venezolanismo. Significa «suspender una materia, examen o curso».

compartirle tu simpatía sin cambiar tu decisión. O quizás, si te das cuenta de que has sido demasiado severo, escojas un castigo más liviano. Lo que no debes hacer es dejarte manipular, a menos que aparezcan nuevas evidencias que demuestren que malinterpretaste la situación.

De esta manera, los niños aprenden desde temprano lo que significa ser responsable y confiable y experimentan en carne propia que la irresponsabilidad o las mentiras traen consecuencias negativas, pero no la consecuencia nefasta de perder el amor. También aprenden que hay que ganarse las cosas. Los jóvenes que disfrutan un exceso de libertad y que reciben los privilegios y las cosas materiales sin ningún esfuerzo, no son bien preparados para la vida, y menos todavía si al mismo tiempo experimentan una carencia afectiva. Muchos de ellos desarrollan una personalidad «malcriada» y explosiva realmente insoportable. Tienen poca tolerancia ante las frustraciones y poca perseverancia ante situaciones difíciles. Cualquier cosa que va en contra de los deseos del momento les hace estallar en exabruptos destructivos. También son a menudo víctimas de estados depresivos cuando no logran sus metas y cuando la vida es impredecible y no satisface su necesidad de gratificación inmediata.

Como parte de la técnica de negociación puedes incluir algún premio especial para quien cumpla con sus responsabilidades o para quien tenga un logro excepcional. Pero debes ser cuidadoso y no exagerar en la recompensa monetaria. Podrías llegar a tal extremo que cuando pidas a tu hijo que se cepille los dientes, te responda: «¿Cuánto hay pa'eso?»[16].

---

16 Venezolanismo. Expresión que se utiliza para indicar que se quiere recibir algo a cambio por algo que se debe hacer.

Respeta a tus hijos

Hay un dicho en las teorías de liderazgo gerencial que reza: «El líder debe tratar a sus colaboradores como él quiere que ellos traten a los mejores clientes de la compañía». Aplicado al hogar, significa que debemos tratar a los niños como si fueran nuestros mejores clientes. Bueno, quizás no en todas las situaciones, pero el respeto debe ser el mismo. Mi propia experiencia como padre me dice que es muy fácil faltarles el respeto a nuestros propios hijos, principalmente por tres razones: primero, porque todos

tenemos guardadas las memorias del trato irrespetuoso que recibimos cuando éramos niños e inconscientemente repetimos el comportamiento de nuestros padres; segundo, porque los pequeños no tienen el intelecto desarrollado y por eso no saben hacerse respetar, o ya tienen demasiado miedo a la autoridad para protestar; y tercero, porque seguimos adoptando el paradigma que plantea: «Mis hijos son una propiedad que me pertenece. Son míos y con lo mío hago lo que me da la gana». Lo malo de esta última razón es que no establece ninguna limitación o exigencia para nuestra conducta como padres. No tenemos que controlarnos. Por lo tanto, cuando nos sentimos estresados y frustrados, podemos desahogarnos con gritos hacia los niños sin sentir que estamos haciendo algo malo.

Claro, hay muchos padres que, cuando se dan cuenta del irrespeto, rectifican y piden perdón a sus hijos. Pero siempre debes estar consciente de la vulnerabilidad de los niños y de cómo les dices las cosas y, también, saber que a veces lo más respetuoso es mantener el silencio y no hacer ningún comentario o dar algún consejo. Dependiendo de la situación, puedes entonces respetar su derecho a cometer errores y a aprender de ellos. A con-tinuación, algunas recomendaciones adicionales acerca del respeto:

- El respeto comienza desde el comienzo. Muchos padres se quejan de que no tienen una buena comunicación con sus hijos adolescentes: «No me dicen nada; no sé lo que están haciendo o quiénes son sus amigos, parece que no nos tienen confianza para decirnos las cosas y nos sentimos muy preocupados por eso» dicen, y es verdad, la falta de confianza hace que los jóvenes no compartan su vida con sus padres y se aíslen en su mundo, buscando confidentes entre su grupo de amigos, lo que hace que sus progenitores se sientan excluidos y tengan la sensación de que han perdido el poder de influenciar el desarrollo de sus hijos. Sin embargo, es necesario destacar que esta situación preocupante no ocurre por sí sola, tiene sus antecedentes. ¿Cómo puedes pretender que tus hijos adolescentes te tengan confianza si lo que aplicaste en los años anteriores fue la pedagogía venenosa, o si estabas tan ocupado en tu trabajo que casi nunca compartiste con ellos, o si cuando te contaron sus problemas no supiste escucharlos con empatía, sino con una actitud de desinterés o de desconfianza?

La famosa «brecha generacional» entre los padres y sus hijos adolescentes, con la distancia emocional, las dificultades en la comunicación y, a veces, con una extrema y destructiva rebeldía por parte de los jóvenes, es en la mayoría de los casos la consecuencia de no haber logrado establecer los lazos afectivos de confianza cuando estos niños eran pequeños. Estos lazos se forman cuando tratamos a nuestros hijos con respeto desde el primer día. «Trata a tus hijos como si fueran *huéspedes* en tu casa» es un paradigma útil. Si aplicamos el amor incondicional, la firmeza respetuosa y los tiempos de calidad en los primeros diez años, no habrá ninguna «brecha» o falta de comunicación con los adolescentes. Estaríamos siempre informados sobre sus vidas y con poder de influenciarlos y guiarlos, porque habríamos logrado crear una profunda *amistad* con ellos, que es lo que realmente quieren sentir: que somos sus amigos.

Si observas una «brecha» en la relación con tus hijos adolescentes, quizás no es demasiado tarde para cerrarla. Puedes intentar lo siguiente:

- ✓ Perdónate a ti mismo por los errores cometidos en el pasado. Perdónate por no haber sabido actuar de otra manera.
- ✓ Siéntate con tu hijo o hija, abre tu corazón, dile cómo te sientes y pídele perdón. (Pero no esperes ser perdonado inmediatamente.)
- ✓ Pregúntale qué comportamiento o actitud considera él (o ella) que tú debes cambiar y prométele que vas a intentar a modificarlo.
- ✓ Luego, tienes que hacer un esfuerzo permanente para mostrar en la práctica que has sido sincero. No te dejes desanimar si tu hijo no muestra mucho entusiasmo al principio. Él necesita su tiempo para acostumbrarse y para verificar la credibilidad de tu mensaje. Recuerda que ahora tú tienes que ganarte su confianza.
- ✓ Si nada funciona, busca asesoría profesional.

- *No impongas tu autoridad cuando tu hijo o hija elija su carrera.* Puedes tratar de asesorarlo, pero al final él o ella debe tener el derecho a escoger lo que le guste. Incluso, debe tener el derecho a cambiar de estudios, por lo menos una vez, si descubre que no le agrada lo que eligió. Existen muchas personas que viven amargadas y deprimidas porque fueron obligadas a estudiar ciertas carreras que nunca les gustaron y trabajan con cosas que no les interesan. Si quieres apoyar la felicidad de tus hijos, ayúdalos a encontrar una carrera u oficio que les satisfaga, donde sientan entusiasmo y alegría y donde puedan expresar su esencia y talentos. Recuerda que tendrán que pasar casi un setenta por ciento de su vida adulta en alguna actividad laboral. ¿No crees que es mejor que sea un trabajo acorde con sus propios intereses?

- *Respeta el noviazgo de tus hijos.* A menos que el novio o la novia sea un delincuente, drogadicto o que de alguna manera perjudica el bienestar de tu hijo o hija no debes entrometerte. Los jóvenes tienen derecho a tener sus propias experiencias y a cometer sus propios errores, incluso en los asuntos del corazón. El problema para muchos padres es que sus hijos a veces manejan nuevos paradigmas sobre cómo llevar una relación, especialmente sobre la sexualidad. No estoy diciendo que por el hecho de que un paradigma sea nuevo necesariamente es mejor que lo tradicional, pero muchos conflictos entre los padres y sus hijos adolescentes radican en la poca flexibilidad que tienen los adultos ante las nuevas maneras de ver la vida.

En este caso, cada quien tendrá que utilizar su propio criterio. Puedes expresar el tuyo, pero no seas un padre o una madre posesiva y controladora. Si los jóvenes quieren hacer el amor, lo harán independientemente de tus esfuerzos para evitarlo. Quizás sea útil que revises la programación que recibiste acerca de la sexualidad, pues con tus angustias y control excesivo lograrás lo que no quieres: que tus hijos se alejen de ti y probablemente hagan todo lo que les estás prohibiendo, simplemente para retar tu autoridad y sentirse libres.

En una investigación efectuada en Inglaterra sobre la relación entre el estilo de crianza de padres y la conducta de sus hijos adolescentes, se identificaron cuatro estilos de crianza:

1. Padres afectuosos, respetuosos y permisivos

2. Padres hostiles, irrespetuosos y permisivos

3. Padres hostiles, irrespetuosos y firmes
4. Padres afectuosos, respetuosos y firmes

Con el estilo 1 –mucho amor, pero exceso de libertad– los adolescentes mostraron impulsividad, dependencia hacia otras personas y conducta irresponsable. Con el número 2 –poco amor y exceso de libertad– desarrollaron inseguridades y tenían mayor probabilidad de caer en la delincuencia o la drogadicción. El estilo 3 –poco afecto y firmeza hostil– producía jóvenes inseguros, tímidos o agresivos, y muy acomplejados. El estilo 4 es el recomendable y confirma lo señalado en este libro: una combinación de afecto, respeto y firmeza. Un joven programado de esta manera desarrolla las bases internas para la felicidad: autoestima, seguridad en sí mismo, sentido de responsabilidad e independencia.

Lo anterior no es una verdad absoluta. Existen muchas influencias –aparte de la de los padres– que pueden afectar la conducta de un joven. Hay personas que han tenido padres hostiles y poco afectivos que no necesariamente terminan en la delincuencia o la drogadicción. Pero la indicación es clara: la mejor garantía para que tus hijos sean individuos responsables y felices es que desarrollen su autoestima. Con autoestima tendrán la fuerza interior para no dejarse influenciar por «malas compañías» u otras fuentes negativas. Cuando sienten que tú confías en ellos, responderán con una conducta responsable y constructiva. Pero tienes que estar abierto a revisarte a ti mismo y a aprender de ellos, porque tus hijos son tus maestros. Han venido a enseñarte a ser más auténtico.

5

Reflexiones

No soy sociólogo, ni economista, ni politólogo, ni historiador. Por lo tanto, no pretendo entender todas las complejidades del desarrollo del individuo o de la sociedad humana. Pero sé que muy pocas personas están conformes con el mundo actual. También sé que con autoestima el ser humano es positivo, proactivo, creativo, amoroso y democrático, porque el amor propio libera el espíritu. En consecuencia, y sabiendo que cada vez hay más personas mejorando su autoestima y mejorando el trato hacia sus hijos, me atrevo a soñar con un mundo mejor.

Mi mundo ideal

Un mundo creado por individuos con autoestima tendrá, entre otras, las siguientes características:

- Lo que hoy en día se denomina «el parto alternativo» sería lo normal para la mayoría de las mujeres.
- Existiría una Licenciatura para Padres, que consistiría en un programa educativo que tendría una duración mínima de dos años y cubriría las siguientes áreas de aprendizaje:
    - ✓ Psicología infantil para comprender el comportamiento de los niños y cómo evitar los excesos y las carencias en la satisfacción de sus necesidades.

- ✓ Psicoterapia para sanar las heridas emocionales que puedan afectar negativamente su comportamiento y para evitar que repitan la programación que recibieron.
- ✓ Entrenamiento en la firmeza respetuosa como método para poner límites a los niños.
- ✓ Entrenamiento en la convivencia en pareja.

- Para motivar a los padres a participar en estos estudios, los que concluyan exitosamente el programa recibirían ventajas económicas, por ejemplo un bono por cada hijo o menos impuestos.
- El gobierno dedicaría un mínimo del quince por ciento de su **pib** a la educación. Las personas que quieran trabajar en esta profesión, tendrán que pasar por una selección rigurosa, pero serán los profesionales que gocen del mayor respeto y estatus en la sociedad. Además serían los mejores pagados. La formación de los educadores de todos los niveles incluiría la psicoterapia y la meditación.
- El sistema educativo estaría rediseñado e inspirado en los paradigmas de los colegios Steiner en Suiza y Montessori en Italia. En los primeros años, los educadores simplemente observarían a los niños en diferentes actividades para detectar sus inclinaciones y talentos. Los niños asistirían a un curso básico donde aprenderían a leer y a escribir, y donde recibirían los conocimientos fundamentales en materias como matemática, historia, geografía y biología. Además comenzarían con el inglés, que los acompañará hasta que se gradúen.
- Cuando se haya definido su «perfil de talentos», cada alumno iniciaría un «programa de especialización» en el

área donde ha mostrado destrezas, sean físicas, manuales o intelectuales. Intercaladas con estas materias, el joven recibiría clases de temas relacionados con el arte de vivir: destrezas sociales y emocionales como la comunicación, solución de conflictos, manejo de diferencias, la empatía, el trabajo en equipo, la sexualidad, la expresión de sentimientos, el equilibrio y la ética. Con su conducta, los profesores modelarían un liderazgo democrático y, en la medida en que los alumnos crezcan, recibirían entrenamiento en el sistema democrático y participarían cada vez más en la toma de decisiones en asuntos que les afecten en el colegio. En el campo espiritual, el alumno estudiaría la historia de la filosofía y de las diferentes religiones para tener una visión amplia y algún día poder decidir libremente su propio camino. Se habría eliminado cualquier paradigma que cree culpa, miedo o vergüenza.

- Las unidades educativas trabajarían en estrecha relación con los padres, desde el maternal hasta el bachillerato. En el programa para padres, ellos ya habrían sido preparados y motivados para participar activamente en el proceso educativo de sus hijos.
- Ser madre o padre sería considerado un privilegio y un honor. La sociedad y las empresas habrían creado un sistema que permitiría que las madres se quedaran el primer año en la casa con el recién nacido. Luego, ella o su marido podría trabajar medio tiempo hasta que el niño tenga tres años de edad.
- Nadie trabajaría más de seis horas diarias.

Además:

- Por recibir una socialización y educación más humana, los individuos tendrían una memoria emocional menos cargada y por eso serían físicamente más saludables. Los sistemas colectivos de salud trabajarían con mayor facilidad y menos presión porque habría menos enfermos. Por la misma razón, la sociedad ahorraría grandes cantidades de dinero que serían redestinados a otras áreas necesitadas.

- Pastillas para los malestares del estrés ya no serían negocio, porque la gente no padecería de este mal. Por lo tanto, la industria farmacéutica dedicaría todo su presupuesto a la investigación de enfermedades no curables y al desarrollo de medicamentos basados en una ciencia genética manejada con sabiduría y responsabilidad.
- Las fuerzas armadas ya no estarían armadas porque existiría paz verdadera. Sin embargo, cada individuo de la sociedad tendría, como ciudadano, el deber de prestar dos años de su vida en las FNAN (Fuerzas No Armadas Nacionales). Allí trabajaría en proyectos sociales, como por ejemplo la construcción de viviendas.

Quizás me pase de idealista o romántico en algunos de estos puntos. Quisiera ser optimista, pero es difícil, porque tengo que admitir que a veces dudo que nos quede suficiente tiempo. La memoria emocional colectiva está demasiado cargada. Mas no quiero deprimirme, aunque a veces, después de alguna consulta muy dolorosa, o después de algún noticiero lleno de niños muriendo en los brazos de sus madres, me pongo a llorar. Sin embargo, no nos queda otra opción que intentar cumplir con la misión.

Las paradojas

Los antiguos chinos decían que la altura de nuestra alegría depende de la profundidad de nuestra tristeza. De la misma manera que las estrellas sólo son visibles en la oscuridad, la tristeza y el sufrimiento nos revelan un aprendizaje que la alegría no nos proporciona. ¿Cómo podemos saber lo que es la felicidad y el bienestar si no hemos experimentado la infelicidad y el malestar? Y, si no hay malestar, ¿de dónde vendrá el impulso y la motivación para buscar el bienestar? Lo que aparece como contradictorio o antagónico en la vida son entonces opuestos complementarios, como el yin y el yang, el día y la noche, la vida y la muerte. En este sentido, podríamos agradecer a nuestros padres por el sufrimiento que nos causaron y considerarlo necesario para nuestro crecimiento.

En el proceso de concientización buscamos mayor bienestar al tratar de eliminar el dolor emocional del pasado. Esto duele muchas veces y es otra paradoja, pero parece que este segundo dolor es necesario para nuestro crecimiento. Es como si existieran dos dolores diferentes: uno destructivo y otro constructivo. El primero nos obliga a cerrar nuestro corazón, mientras que el segundo es producido por abrirlo de nuevo. O quizás es el mismo dolor experimentado dos veces, la primera vez inconscientemente y la segunda, conscientemente.

El misterio

En un documental transmitido por el canal de televisión Discovery mostraron un perro que tenía un trabajo muy particular: ayudar a los médicos de un hospital en la curación de los enfermos, especialmente niños. Había un joven llamado Fred, de catorce años, que desde hacía tres meses estaba en coma como consecuencia de un accidente. El perro se acercó y comenzó a lamer el rostro del muchacho y, por primera vez desde el accidente, Fred movió la cabeza de un lado al otro. Nueve meses después, volvió al colegio, no completamente recuperado, pero no hay duda de que el perro reactivó el cerebro del muchacho. Hasta los médicos lo admitieron.

¿Qué te parece? La ciencia no tiene explicación; algunos lo llaman un acto de Dios o milagro; otros dirán que es la energía universal. No importa qué nombre le pongamos, ¿no crees que sigue siendo un misterio?

Pienso que en un mundo más evolucionado existiría una «nasa espiritual», es decir, un centro de investigación conformado por los mejores científicos, psicólogos, parapsicólogos, clarividentes o cualquier individuo con un don especial inexplicable para investigar a través de métodos científicos, o no científicos, todos los fenómenos relacionados con el mundo psicológico y espiritual. Su objetivo principal sería profundizar en nuestro autoconocimiento y ayudarnos a diseñar una socialización que permita la creación de individuos amorosos y creativos. Hasta ahora no lo tenemos, porque por falta de conciencia sobre quiénes realmente somos y cuál es nuestra misión en esta vida, seguimos repitiendo los errores del pasado.

> *La luz de la conciencia que mejorará este mundo no provendrá del sistema político o de las organizaciones religiosas, sino de una masa crítica de individuos que se atrevan a buscar más allá de los dogmas y verdades absolutas existentes para encontrarse a sí mismos.*

Sé que existe mucha gente estudiando e investigando sobre estos temas, pero imagínate si pudiéramos unirlos todos en una organización con un presupuesto como el de la NASA. Dudo que esto ocurra pronto, porque los políticos y líderes religiosos tienen mucho miedo al autoconocimiento. No darían su aprobación para un proyecto semejante, porque tendrían que estar dispuestos a perder su poder.

Los maestros

Te recomiendo no cerrarte ante la posibilidad de ser elegido por un maestro. Puede ser una enorme ayuda, especialmente si el maestro está vivo. ¿Pero cómo reconocer a un maestro?

Dicen que el maestro aparece cuando el discípulo está listo. Estar listos significa tener suficiente luz de conciencia propia para que nos escoja, pues no es que uno elige al maestro, es al revés, aunque nuestra conciencia nos ayuda a reconocerlo cuando aparece. Y si no estamos listos, el maestro verdadero es tan respetuoso que no nos molesta. Pasa en frente de nosotros, pero no dice nada. Se alegra cuando es reconocido, pero no es misionero y no se impone.

Existe otro proverbio que dice: «Ven, sígueme –dijo el Maestro– y caminó detrás». Un verdadero maestro no camina adelante, mostrándote un camino ya hecho, sino que es como un relámpago que ilumina el terreno desde atrás, dándote visibilidad para forjar tu propio camino. La luz del maestro te puede ayudar, pero sólo si te fijas en el terreno mientras la luz dure. Si te fijas en el relámpago, es decir, si te vuelves fanático u obsesionado con el maestro, al voltearte no verás por dónde avanzar. La siguiente afirmación indica lo mismo: «Si el Maestro con el dedo te indica la luna, no te fijes en el dedo, sino en la luna».

Zorba el Buda

El maestro Osho tiene una maravillosa definición de lo que sería un ser humano completo, equilibrado y espiritualmente evolucionado: «Zorba el Buda». En nuestros términos, Zorba representa el humano haciendo, mientras Buda, el espíritu siendo.

Alexis Zorba, el protagonista en la novela *Zorba, el Griego* del escritor griego Nikos Kazantzakis, vive la vida terrenal y sensorial con el máximo gusto. Es un hedonista, que celebra a plenitud todo lo que le ofrece la vida, maravillándose como un niño ante la naturaleza y la gente. Gautama Buda, por otro lado, simboliza el máximo potencial espiritual, la sabiduría y la iluminación. Está serenamente desprendido de los deseos y lo material.

La visión de Osho es que tanto Zorba como Buda representan sólo la mitad de la expresión de nuestro ser. A Zorba le falta espiritualidad y a Buda le falta el materialismo. Según las enseñanzas tradicionales, las dos dimensiones son opuestas y excluyentes, pero Osho opina que representan las dos alas del pájaro. Para él, la persona verdaderamente espiritual no reprime, ni renuncia a la vida material y física, sino que vive con una conciencia tan desarrollada que permite un equilibrio entre el *ser* y el *hacer*, ya que con una sola ala no se puede volar.

Zorba el Buda es una persona que vive en abundancia, tanto interna como externamente. Bebe vino, danza en la playa, canta bajo la lluvia y, al mismo tiempo, disfruta de las profundidades del espíritu y la sabiduría.

> *Los orientales han condenado el cuerpo, han condenado la materia, han calificado a ésta de «ilusoria» o maya : no existe realmente, solamente parece como si existiera; está hecha del mismo material del que están hechos los sueños. Negaron el mundo, y ésta es la razón por la cual Oriente continuó pobre, enfermo, hambriento. Media humanidad ha estado aceptando el mundo interior pero negando el mundo exterior. La otra mitad ha aceptado el mundo material pero negando el mundo interior. Ambas están a medias, de forma que ningún ser humano que sea incompleto puede estar satisfecho. Tienes que ser completo: rico en el cuerpo, rico en la ciencia, rico en la meditación, rico en la conciencia. Sólo una persona completa es una persona sagrada, en lo que a mí respecta. Quiero que Zorba y Buda se encuentren. Zorba solo está vacío. Su danza no tiene un significado eterno, es un placer momentáneo. Pronto se cansará de ella. A menos que tengas fuentes inagotables disponibles desde el mismo cosmos..., a menos que te vuelvas*

existencial, no puedes volverte total. Ésta es mi contribución a la humanidad:la persona completa*.

* *Osho (1994):Communism, and Zen Fire, Zen Wind. Alemania:Rebel Publishing House.*

Para que un árbol sea alto, necesita estar profundamente arraigado en la tierra. Vivir la vida terrenal sin miedo y saber disfrutarla sin culpa y vergüenza es una meta digna, pero al mismo tiempo debemos expandir nuestra conciencia y conocernos a nosotros mismos. De esta manera seremos árboles cada vez más grandes, y beneficiaremos a los demás con nuestra sombra, flores y frutos. ¿Qué tal si comenzamos visitando una heladería? Comer un helado es una excelente meditación.

Epílogo

La escalada

Descubrirse a uno mismo es como escalar una montaña cargando un morral lleno de piedras pesadas. Para llegar a la cima, debemos eliminar el peso, lo que es un proceso trabajoso y doloroso, pero en la medida que lo logremos, la subida se vuelve cada vez más fácil. Se convierte en una aventura divertida e interesante. De lo contrario, las piedras se vuelven cada vez más pesadas, hasta que nos obligan a detenernos, agotados, deprimidos y sin aire, a la mitad del camino.

Tengo unos años escalando la montaña por diferentes caminos, y he logrado eliminar algunas piedras, pero hay un dicho oriental que reza: «Quien enseña, lo hace porque él mismo necesita aprender». Enseño y escribo, no porque he concluido la escalada, sino porque es una manera de darme cuenta de las piedras que todavía quedan en mi propio morral: todavía soy víctima a veces, quejándome sin darme cuenta; de vez en cuando me da flojera y me descuido en mis hábitos; a veces no tengo el coraje para ser completamente sincero, y también vivo momentos de angustia y preocupación. Así que no siempre logro practicar lo que predico, y por eso necesito seguir aprendiendo, igual que tú.

El supuesto básico

Me imagino que te has dado cuenta de que todas las ideas presentadas en este libro se basan en el supuesto de que la esencia humana es amor y, por lo tanto, que cada individuo es intrínsecamente bueno.

Pero entonces, ¿cómo podemos explicar que un joven, después de haber matado a otro para robarle sus zapatos, no muestre ningún remordimiento o sentimiento de culpa? ¿Cómo es posible que un niño de once años asesine a sus profesores y compañeros de clase con una ametralladora? ¿Qué hay de bueno en una persona que somete a otra a una tortura bestial? ¿Cómo puede un padre abusar sexualmente de su hija o un sacerdote de un niño pequeño? ¿Cómo se explica el genocidio perpetrado durante la segunda guerra mundial, la limpieza étnica en Bosnia y Somalia, las bombas suicidas en el Medio Oriente o los ataques terroristas en Estados Unidos?

El supuesto negativo

Mucha gente concluye que «estas personas nacieron locas o malas», y que «los malos» padecen de un defecto genético. Quizás es así, mas como nadie sabe a ciencia cierta hasta qué punto el comportamiento humano es genéticamente predeterminado, o si nuestra personalidad o manera de ser es más una consecuencia del aprendizaje psicosocial, lo que nos queda para explicar la existencia del «mal» (o cualquier otra cosa) son las suposiciones.

Escoger el supuesto negativo de que «algunos seres humanos nacen malos» es una excelente manera de eliminar la duda inconsciente que todos tenemos: «¿Yo sería capaz de hacer algo semejante, tan terrible?». Obviamente, todos quisiéramos responder «no», porque, de lo contrario, tendríamos que enfrentarnos con nuestra parte oscura y salir de la zona de comodidad donde nos sentimos tranquilos y superiores a «aquellos locos animales».

Suponer que «lo malo» es algo intrínseco en «los malos» es una forma de negar la existencia de las tendencias destructivas y violentas que todos poseemos. Crear la separación entre ellos (los «malos») y nosotros (los «buenos») es un mecanismo psicológico de defensa que nos ayuda a sentirnos mejor. Pero no estamos siendo sinceros, porque el Holocausto no fue creado por ellos, los alemanes, y los ataques terroristas no fueron perpetrados por ellos, los árabes. ¡Fueron creados por humanos! Representan una muestra de lo que tú, yo o cualquier otro ser humano es capaz de hacer bajo ciertas circunstancias.

¿Esto quiere decir que todos tenemos el «mal» por dentro? Pienso que sí, pero este «mal» no pertenece a nuestro verdadero ser, es decir, no nacimos con él. Proviene de una parte que construimos por dentro durante los primeros diez años de nuestras vidas: el muro de protección que colocamos alrededor de nuestro corazón para aguantar el dolor emocional y espiritual de no sentirnos suficientemente amados.

¿Por qué crees que hay tantas películas llenas de violencia y sexo sin amor? La respuesta es sencilla: porque nos fascinan. ¿Y por qué nos fascinan? Porque identificados con los protagonistas en la pantalla podemos indirectamente permitirnos sentir los mismos sentimientos «oscuros» de nuestro muro interior. Pero no hay ningún problema, pues al salir de la función, dejamos a «los malos» atrás, reconfortados y convencidos de que «los buenos» somos nosotros.

¿Existe el «mal»?

Si te encuentras en un sitio oscuro, puedes eliminar la oscuridad prendiendo una vela, ¿verdad? Pero si estás afuera, en el sol, ¿puedes eliminar la luz buscando algo de oscuridad para colocarla alrededor de ti? No lo puedes hacer, porque la oscuridad no tiene existencia propia. Existe únicamente como ausencia de luz. La luz tiene su propia energía, su propia materia, pero la oscuridad es un vacío sin sustancia.

De la misma manera, el mal (la oscuridad) está presente cuando el bien (la luz) está ausente. Cuando el ser humano comete actos «malos», cuando crea sociedades llenas de miseria o cuando destruye el planeta no es porque su esencia es «oscura», sino porque su luz espiritual está encerrada. Estamos desconectados de la fuente de amor que reside en nuestro corazón porque algunos acontecimientos o algunas personas nos hicieron sentir que no podíamos seguir viviendo con el corazón abierto. Nacimos con la luz espiritual radiando por todos lados, pero tuvimos que encerrarla detrás del muro de protección porque mantener el corazón abierto y seguir siendo vulnerables resultó demasiado doloroso. Y mientras más grande era la vulnerabilidad y más fuerte la hostilidad, más gruesa es ahora la coraza.

Aunque habrá excepciones, los «malos» que cometen maldades fueron todos expuestos a una crianza basada en el miedo, la represión y la obediencia, que no les enseñó a amarse a sí mismos. Puede ser que fueran amados, pero no se sintieron amados. No necesariamente vienen de hogares pobres

o destruidos tampoco. Puede ser que vivieran en el lujo y que estudiaran en la universidad. Muchos de ellos, sin embargo, fueron sometidos a la negligencia más severa, a la carencia de afecto más extrema y a los abusos más horrorosos. Son seres destruidos, por eso destruyen. Simplemente están devolviendo lo que recibieron. Y cuando lo devuelven no sienten nada porque su empatía y sensibilidad ante el dolor del otro son sentimientos cuya fuente está encerrada. El sentimiento de culpa no es percibido porque se encuentra detrás del muro. El «malo» actúa mal porque está desconectado de su verdadero ser. Su actuación es una expresión del malestar de su muro y no del bienestar de su corazón. Es un ser incapaz de amar al prójimo porque no se ama a sí mismo. Y no se ama a sí mismo porque nadie nunca lo hizo sentir amado.

De esta forma entendemos que los nazis y los terroristas no nacieron malos, sino que representan el máximo potencial negativo de cualquier ser humano, mientras que, por otro lado, los maestros iluminados nos enseñan que quien logre tumbar el muro y libere la luz es un ser del bien, un ser de amor. Por lo tanto, cada uno de nosotros se encuentra en algún punto en el *continuum* entre el extremo del mal y el extremo del bien, entre el pecador y el santo, entre el asesino y el Cristo, entre el diablo y Dios, es decir, entre la mínima y la máxima expresión de quienes somos, dependiendo del grosor del muro que cubra nuestra esencia. Mientras más grueso es el muro, más «diabólico» –o menos auténtico– es nuestro comportamiento.

El miedo

Sin embargo, no hace falta usar los ejemplos extremos como el Holocausto o los terroristas para explicar el «mal». Observa tu propio comportamiento. ¿Nunca has actuado «mal», sin querer? ¿Nunca has hecho daño a alguien con tus palabras o actos? Si tu respuesta es «no», me convertiría en tu discípulo, porque significaría que ya eres un maestro iluminado.

Pero supongo que has respondido «claro que sí». Y la realidad es así. No somos iluminados todavía, y por eso cometemos actos que generan sufrimiento y malestar, no por culpa de un defecto genético, o porque nuestra esencia esté manchada por el «pecado original» o invadida por «el diablo», sino porque todos estamos protegiendo nuestro corazón. Todos tenemos miedo. Miedo a ser nosotros mismos. Miedo a volver a sentir el dolor de aquel que nos obligó a proteger la luz para que no se apagara. Decidimos hace muchos años que no queremos sentir más dolor. Trancamos la puerta de nuestro corazón y minimizamos las expresiones auténticas de quienes somos: el afecto, la vulnerabilidad y la compasión.

Dios y el diablo

Pero si insistimos en que «Dios» o el «diablo» existen como entidades externas, creamos la idea de que el poder de hacer el bien o el mal en realidad no es nuestro. Por lo tanto, cuando ocurren cosas buenas, damos gracias a Dios, y cuando pasa algo malo, culpamos al diablo.

Al aceptar el paradigma de que nosotros mismos, dependiendo de nuestra conciencia y autenticidad, podemos ser dioses o diablos a través de nuestras palabras y acciones, es decir, cuando asumimos la responsabilidad del bien y del mal, entonces adquirimos el verdadero poder y la verdadera libertad de nuestras vidas. Cuando no hay más nadie a quien culpar, tenemos que mirar hacia dentro para explicar las razones detrás de la violencia y el sufrimiento en el mundo. Y qué bueno si cada uno de nosotros es creador del desamor y el malestar, porque entonces podemos también ser los creadores del amor y el bienestar. Si no, sigamos siendo víctimas.

> *Hace falta mirarnos hacia dentro y preguntarnos:*
> *«¿Cómo estamos todos contribuyendo a la creación de*
> *este mundo tan inhumano?».*

Como víctimas tenemos una vida miserable, carente de creatividad y entusiasmo. No hay evolución, desarrollo, ni crecimiento, aunque quizás sí dinero, estatus y poder. Porque es una vida que se extiende en lo horizontal, únicamente. En ella vivimos como presos sin darnos cuenta de que estamos encarcelados y morimos pensando que hicimos mucho. Pero la «verdadera vida» probablemente nos pasó por delante mientras estábamos ocupados con otras cosas «más importantes» y el universo seguramente seguía girando sin darse mucha cuenta de nuestra existencia.

La responsabilidad

Prefiero el supuesto de que en el fondo somos buenos porque me da la oportunidad de asumir la responsabilidad de mis propios actos. Si la fuente de mi maldad es el pecado original, entonces el problema es espiritual, ni siquiera genético, lo que de todas formas no significaría un gran problema ahora, porque con el misterio del genoma humano ya resuelto y con la nueva biotecnología eliminaríamos fácilmente el «pecado genético» de todo ser humano.

Pero si mis desperfectos son de tipo espiritual, ya no hay nada que pueda hacer para mejorarlos. Bueno, podría confesarlos y pedirle perdón a Dios y, después, tratar de reprimirlos y controlarlos para no volver a «pecar». Pero ya tenemos miles de años haciendo esto, y en el mundo predomina cada vez más el «pecado», así que, evidentemente, la técnica de la represión no funciona.

Y no funciona porque se basa en un supuesto que nos obliga a vivir pretendiendo que la máscara y el muro de nuestro condicionamiento no existen. El concepto del pecado original, así como lo del Dios y el diablo externo, nos roban nuestra dignidad porque nos quitan el poder y la libertad para actuar. Nos convierten en víctimas y, en vez de tomar acciones para mejorar, nos quedamos paralizados, quejándonos todo el tiempo, culpando a los demás por nuestros malestares y esperando que las cosas se resuelvan por sí solas, o que un rescatador nos arregle todo.

El despertar

Nadie quiere vivir la vida como víctima conscientemente. Por eso tenemos que despertar y darnos cuenta de lo que está pasando. No podemos seguir confiando en que «todo estará bien algún día», y que «ellos se encargarán». La situación está muy grave, ¡el bosque tropical está desapareciendo a la velocidad de un campo de fútbol por segundo! No queda mucho tiempo para que el pulmón de la humanidad deje de funcionar. Cien años de oxígeno es lo que nos queda, dicen los expertos. ¿Y qué haremos cuando no podamos respirar? Quizás no nos quede tanto tiempo. Después del 11 de septiembre de 2001, se ha evidenciado que la vida como la conocemos podría desaparecer en cualquier momento. Un par de bombas químicas, biológicas o nucleares en manos de los terroristas son suficientes para lograr nuestra extinción completa.

Hemos estado cometiendo suicidio lentamente por mucho tiempo ya. Y lo estamos haciendo porque vivir como vivimos se nos hace insoportable. Estamos hartos de las máscaras y de un mundo sin corazón. No aguantamos más desigualdad, violencia, abusos, amenazas y mentiras.

¿Y quiénes son los responsables de todo esto?

Los responsables son quienes han insistido en mantener el antagonismo entre lo sexual y lo espiritual. Son los ignorantes y obedientes fanáticos, condicionados para repetir la represión. Son quienes enseñan el miedo, la culpa y la vergüenza. Son los individuos que siguen la corriente sin protestar. Son quienes refuerzan la psicología de las masas con sus palabras y actos, y quienes al darse cuenta se quedan callados.

¿Y quiénes son los responsables si seguimos así? ¡Todos!

El supuesto positivo

El supuesto de que en el fondo somos buenos nos devuelve la dignidad porque nos hace responsables a todos. Nos ayuda a distinguir entre el hacer y el ser y nos explica por qué un ser cuya esencia es amor, puede actuar con desamor. Si hacemos algo malo es porque nuestra alma está sufriendo. Y nuestra alma está sufriendo porque detrás del muro lleno de dolor, tristeza y rabia no tiene la posibilidad de expresarse. Está encerrada. ¿Y quién puede hacer algo al respecto? ¿Quién tiene la responsabilidad de tumbar el muro, expresar el dolor y liberar el espíritu?

El perdón de Dios no puede lograrlo; sólo nos da un alivio muy breve. En poco tiempo, la presión del malestar emocional y espiritual vuelve a contaminar nuestras mejores intenciones para amar al prójimo.

¡Ya basta!

No estoy dispuesto a seguir aceptando que tengo una mancha espiritual por dentro. Me niego a creer esta interpretación de las escrituras religiosas. Quien inventó la idea del pecado original tiene que haber sido un enfermo mental con una muralla china alrededor de su corazón. Para mí, es inimaginable que Cristo, o cualquier otro maestro verdadero, pueda haber insinuado algo semejante. Ellos representan todo lo contrario. Y no son seres superiores, son ejemplos de lo que todos podemos ser si realizamos nuestro potencial y nos atrevemos a ser auténticos «hijos de Dios», que para mí significa seres de amor.

Los supuestos negativos y los paradigmas del malestar están paralizando la evolución de la humanidad. Científica y tecnológicamente sí hemos evolucionado, pero espiritualmente, en el sentido del amor, estamos experimentando lo opuesto: una involución. Existe un tremendo desfase entre el desarrollo tecnológico y nuestra evolución espiritual. La razón es que nos hicieron entender que la iluminación puede ser alcanzada únicamente por los seres «superiores», como «el único hijo de Dios». Así que nosotros, los «pobres pecadores mortales», no sentimos ni siquiera la curiosidad suficiente para cuestionar las «verdades» que las autoridades religiosas nos imponen. Somos espiritualmente demasiado dóciles y flojos, aceptando las verdades ajenas, en gran beneficio de quienes están en el negocio de la salvación.

¿Libre albedrío?

Los cristianos dicen que Dios nos ha otorgado la libertad para elegir entre el bien y el mal, entre ser una persona buena y una persona mala. Dicen que la guerra contra el terrorismo es una lucha entre el bien y el mal, como si los mismos fueran unas extrañas fuerzas externas, a las cuales nos pegamos. Pero, ¿puedes imaginarte que alguien conscientemente eligiera actuar con maldad?

Conscientemente quiere decir con conciencia espiritual. Una persona consciente es alguien que ha aprendido a conocerse y amarse a sí mismo y, por lo tanto, ha hecho la experiencia de su propia divinidad. Esta persona vive consciente de la interconexión que existe entre todos los elementos de la vida, y sabe que si hace daño a la naturaleza o a otras personas, se hace daño a sí mismo. Quien posee este tipo de conciencia es incapaz de cometer actos de maldad, pero si por alguna razón los hace, inmediatamente asume la responsabilidad total por ello y dice: «Por favor, perdóname. Actué mal porque por un momento me desconecté de mi verdadero ser».

No hace falta elegir entre el bien y el mal, sino aprender a ser cien por ciento uno mismo. Ésta es la verdadera iluminación.

Así que la libertad de hacer el bien o el mal depende de hasta qué punto estamos espiritualmente conectados con nuestros corazones. No es una cuestión de voluntad, sino de nivel de conciencia espiritual.

Si lo que hacemos para ser «buenos» es reprimir nuestras tendencias «malas», no somos libres. Esto ni siquiera es elegir. Es simplemente un acto inconsciente de control que es imposible sostener en el tiempo. Tarde o temprano explotan las tensiones interiores en actos de maldad, descargando y devolviendo los sufrimientos acumulados.

Al despertar del trance en el cual vivimos y al darnos cuenta de que el pecado no es nada más que cualquier acto cometido con inconsciencia espiritual y desconexión de nuestra propia naturaleza divina, podemos hacernos responsables y ser libres; y en esta libertad no estamos dispuestos a aceptar más malestar. Decimos ¡ya basta!, dejamos de quejarnos y comenzamos a buscar los caminos del bienestar por nuestros propios medios.

¿Dios existe?

No creo en el Dios que me presentaron. Ese Dios me produce un miedo y una culpa que no me permiten amarme a mí mismo. Creo en cosmos. La palabra *cosmos* es griega y significa «orden». Creo que existe un «orden divino» que «organiza» el universo. Es divino porque es basado en el amor. Si Dios es amor, entonces en este sentido sí, creo en Dios.

Nosotros no hemos logrado crear cosmos en la tierra todavía. Hemos creado lo contrario, el desorden, o caos, porque nuestro orden social no se basa en el amor, sino en el miedo. El miedo produce caos y el amor produce cosmos, tan sencillo como eso. Para crear cosmos en el mundo, todos los seres humanos —y especialmente los líderes políticos y religiosos— necesitamos conectarnos más con el corazón. Sólo así podremos convertirnos en representantes verdaderos del orden divino y crear una sociedad que lo refleje.

¿Quién tiene la razón?

Quizás estás en desacuerdo conmigo. A lo mejor estás convencido de que en el fondo todos somos pecadores. O tal vez pienses que la situación de la humanidad no es tan mala como la descrita aquí, o que yo soy un idealista y un soñador.

Bueno, tienes todo el derecho de mantener tu punto de vista. No puedo decirte que estás equivocado. Puede ser que quien esté equivocado sea yo. Pero entonces este libro no tendría mucho sentido para ti, y la vida no tendría mucho sentido para mí.

Por otro lado, si compartes mis puntos de vista, quiero darte una última recomendación:

¡Échale bolas![17]

---

17 Venezolanismo. Significa «echarle pichón» (ver nota 6).

Anexo

El manejo del estrés

Las diferentes situaciones y circunstancias que, en conjunto, nos hacen sufrir de estrés las llamamos *fuentes de presión*. Las mismas se encuentran en todas partes: en la pareja, en la familia, en la calle, en el trabajo y hasta en la mente de las personas, es decir, tanto en el ambiente externo del individuo como en su interior. Todas tienen el mismo efecto: activan la denominada *reacción biológica básica de estrés.*

La teoría

Lo que los científicos llaman la reacción biológica básica de estrés forma parte de nuestro instinto de supervivencia y su función es ayudarnos a sobrevivir a cualquier peligro que amenace nuestra vida. Ante un caso de vida o muerte es absolutamente necesario estresarse, porque si no, podríamos morir. Para sobrevivir en este tipo de situaciones tenemos dos opciones: pelear contra la amenaza o huir de ella. Tanto la pelea como la huida requieren la movilización de los grandes músculos de nuestras extremidades y para darle a las piernas y a los brazos la fuerza adicional que necesitan, el cerebro, al percibir la amenaza, envía el mensaje de peligro a las glándulas suprarrenales, que comienzan a segregar mayores cantidades de *hormonas de estrés*: adrenalina, noradrenalina y cortisol. Al elevarse el nivel de estas hormonas en la sangre, el cuerpo automáticamente efectúa todos los cambios necesarios para proporcionarle más fuerza a los músculos de las extremidades y posibilitar la pelea o la huida: sube la tensión arterial, aumenta la frecuencia cardíaca, oxigena la sangre, sube la glicemia, entre otros. Sin estas reacciones, ninguno de nosotros estuviéramos aquí; estuviéramos extintos como especie hace mucho tiempo.

Estrés positivo y negativo

La adrenalina es, entonces, algo positivo. Y la seguimos necesitando, aunque hoy en día no sea para sobrevivir a peligros de vida o muerte, sino para proporcionarnos la energía, la motivación y el entusiasmo que hacen falta para lograr muchas cosas en la vida. Cuando el estrés es utilizado para enfrentar retos y alcanzar metas, se llama *estrés positivo*; bueno, bajo una condición: que no dure demasiado tiempo. Nuestro cuerpo es construido para manejar y aguantar la reacción del estrés de manera *intermitente*, es decir, en intervalos cortos. Si la reacción sigue activa por mucho tiempo, pasa lo mismo que cuando dejamos el carro con las luces prendidas: se descarga la batería, es decir, nos agotamos y nos enfermamos.

Según la Ley del Equilibrio, cualquier cosa llevada a su extremo de exceso o de carencia crea malestar. Lo mismo pasa con el estrés: en una dosis adecuada es positivo, pero se vuelve muy negativo cuando es exagerado. El *estrés negativo* es entonces nada más que una «sobredosis» de estrés positivo (también puede ocurrir por total falta de presión, aunque no es tan frecuente).

Las dificultades

El arte de manejar el estrés es, en teoría, muy sencillo: saber desactivar la reacción de adrenalina cuando no la necesitamos. Esto se hace con ejercicio físico, técnicas de relajación, momentos de recreación y una vida más o menos equilibrada. Muy sencillo, ¿verdad?

La gran dificultad que tenemos es que casi nunca nos relajamos, a menudo sacrificamos las oportunidades de recreación por el trabajo y en nuestro estilo de vida predominan la falta de descanso, la falta de ejercicio físico, la alimentación poco balanceada, un exceso de dedicación a lo material e intelectual y una carencia de satisfacción emocional y espiritual. Vivimos como si permanentemente estuviéramos peleando con alguna amenaza o huyendo de algún peligro, lo que mantiene el instinto de supervivencia activado a tiempo completo. Esto es lo que nos hace daño.

¿Por qué vivimos y trabajamos como si la vida misma representase una amenaza?

La interpretación de la realidad

Lo que es importante entender es que no son las situaciones en sí las que te causan estrés, sino *tu manera de percibirlas*. Eso quiere decir que no son las personas o las circunstancias las que te *estresan*, sino que tú *te dejas estresar* por ellas. (Ver el ejercicio del capítulo 3 de esta segunda parte, sección «Elimina la queja».)

El hecho de que te sientas estresado casi todo el tiempo significa que por alguna razón te sientes amenazado permanentemente. Cualquier cosa te hace movilizar innecesariamente el sistema cardiovascular, respiratorio, nervioso y muscular. Es como si todo el tiempo estuvieras luchando contra un tigre feroz o huyendo de algún otro peligro de vida o muerte. Y si esto no es la realidad, ¿por qué y para qué te dejas estresar tan a menudo? Si en la mayoría de las situaciones cotidianas de presión no hace falta salvar tu vida, ¿por qué tu cuerpo a cada rato se moviliza para hacerlo?

> *Una fuente de presión no se convierte en una fuente de estrés a menos que sea percibida como una amenaza.*

La respuesta es sencilla: porque estás permanentemente malinterpretando la realidad. Estás percibiendo amenazas que no existen. Pero no lo estás haciendo a propósito, ya que no lo haces de manera consciente. Son percepciones inconscientes y tu cerebro reptil, al recibir la advertencia de peligro, activa el instinto inmediatamente, sin preguntar si la amenaza es real o no.

La pregunta que nos falta responder es entonces: ¿por qué percibimos amenazas inexistentes? La respuesta es: porque somos «víctimas» de las denominadas *reacciones condicionadas*. Estamos *programados* para dejarnos estresar continuamente. Veamos de qué estamos hablando.

El condicionamiento, otra vez

Es probable que ahora te fastidies un poco, porque voy a hablar otra vez de la *memoria emocional*. Pero no puedo evitarlo, porque las percepciones inconscientes de amenaza no son un problema intelectual, sino *emocional*. Provienen de las experiencias tempranas en la vida, incluyendo la vida intrauterina y el parto.

Mientras más grande era la carencia de afecto y más fuertes las exigencias por parte de los adultos en los primeros diez años de nuestra vida, más inseguridad y miedo sentimos ante la vida en general y ante ciertas fuentes de presión en particular. Por ejemplo, si nuestros padres eran afectivamente secos y al mismo tiempo muy exigentes, o si de cualquier otra manera nos aplicaron los métodos de la pedagogía venenosa, como adultos tenemos programada inconscientemente una fuerte necesidad de complacer a cualquier persona, porque, como niños, obtuvimos de esta manera el amor condicional de los adultos. Aprendimos a ganarnos el afecto con obediencia, complacencia y

buenos resultados. Ahora, que crecimos, cualquier situación que implique el «peligro» de que alguien pueda molestarse o reclamarnos algo, es decir, cada situación que pueda significar no poder complacer las expectativas de los demás, genera una fuerte reacción de estrés.

> *El miedo infantil, almacenado en nuestra memoria emocional, a perder el amor si no complacemos las expectativas ajenas es entonces lo que está detrás de nuestras percepciones equivocadas de amenazas inexistentes.*

Esta percepción equivocada de peligro ocurre especialmente ante lo que consideramos autoridades, por ejemplo el jefe en nuestro trabajo. Las culturas organizacionales de «emergencia permanente» o «todo p' ayer», que predominan en tantas empresas, han sido creadas por individuos socializados con el amor condicional. En muchos casos reforzados por un estilo de liderazgo autocrático y hostil (programado en el hogar y el sistema educativo), esas *culturas del miedo* simplemente manifiestan colectivamente la inseguridad emocional de cada individuo. El exagerado temor a cometer errores, a ser mal evaluado, a fracasar o a ser despedido es lo que nos hace trabajar con la adrenalina «a millón», aunque no hacen falta tantas hormonas para cumplir con nuestras tareas y lograr las metas.

¿Y cuál es la amenaza? Es la que sentimos cada vez que nuestros padres se enfadaron con nosotros cuando éramos niños. En aquel entonces, la ira o los rechazos de los adultos fueron *percibidos* como un peligro de vida o muerte, porque cada niño sabe instintivamente que si no recibe un mínimo de reconocimiento, muere, aunque sea bien alimentado. (Y es verdad. Existen casos documentados sobre niños pequeños que han muerto bien alimentados por carencia de afecto.)

La ira de nuestro jefe o la mala evaluación no nos pueden matar. Tampoco hace falta mayor fuerza muscular cuando cometemos un error o cuando hay muchas urgencias en el trabajo. Quien se asusta ante las fuentes de presión no es nuestro adulto racional, sino el *niño interior*. Mientras no hagamos algo para concientizar y eliminar sus miedos, él seguirá influenciando la manera en que percibimos la realidad y ésta es la razón principal por la que nos dejamos estresar innecesariamente.

La eliminación del estrés negativo:

- *Estrategia: «limpieza» de nuestra memoria emocional para reducir las inseguridades y aumentar la autoestima.*

- *Método: el proceso terapéutico.*

- *Prevención: criar y educar a las nuevas generaciones con menos miedo y más amor.*

La práctica

No sé si estás dispuesto a someterte a una terapia emocional para aprender a estresarte menos. Sería la mejor forma de eliminar el estrés negativo para siempre. Si no, por supuesto hay otras acciones que puedes tomar para aliviar el problema. A continuación, te mencionaré algunas:

- *Revisa tu estilo de vida* ¿A qué dedicas tu tiempo? ¿Estás prestando más atención a algunas necesidades y descuidando otras? ¿Qué tal tu alimentación, tu sueño, el ejercicio físico, la recreación, etcétera? ¿Eres adicto al trabajo? De ser así, no logras satisfacer tus necesidades emocionales y espirituales. La palabra clave para un estilo de vida antiestrés es *equilibrio*. Con una vida equilibrada tendrás más salud y más fuerza para aguantar las múltiples presiones.
- *Asume la responsabilidad por tu estrés* El estrés no es un virus que te invade desde afuera, sino un malestar creado por ti. Comienza por dejar de decir que «tal persona o tal situación *me estresa*», porque con esta afirmación te ubicas en el papel de víctima, colocando la responsabilidad

del estrés fuera de ti. Si las fuentes de presión *te estresan*, tendrás que esperar que las mismas desaparezcan o que un rescatador te ayude a eliminarlas. Con esta actitud es imposible reducir tu estrés. Por lo tanto, debes sustituir la frase de víctima por la siguiente: «*Me dejo estresar por* tal persona o circunstancia», y aplica el ejercicio que vimos anteriormente en el capítulo 3 de esta segunda parte (sección «Elimina la queja»), haciéndote la pregunta: «¿La fuente de presión está fuera o dentro de mi zona de influencia?», y sigue los pasos del ejercicio.

- *¿Qué es lo peor que podría pasar?* Cuando te des cuenta de que te estás dejando estresar, hazte la siguiente pregunta: «¿Qué es lo peor que podría pasar?». La respuesta que darás dependerá de tu autoestima. Con poca autoestima, tu inseguridad producirá rápidamente una fantasía catastrófica como por ejemplo: «Me botarán del trabajo, no tendré ingresos para pagar mis gastos y terminaré viviendo debajo de un puente», o algo parecido. Con más seguridad en ti mismo, tendrás una visión del futuro más positiva y responderías por ejemplo: «Puede ser que me boten y que tenga que pasar por un tiempo difícil, pero tengo confianza en mi creatividad e inteligencia y sé que algo inventaré para seguir adelante». Esto significa que mientras más alta sea la autoestima, menos intensa es la percepción de peligro y, por ende, con menos frecuencia se activa la reacción de estrés. Otra pregunta que te puedes hacer es: «¿La fuente de presión atenta contra mi vida?». Si la respuesta es «no», puedes relajarte.
- *Observa tu cuerpo* Gracias a su inteligencia, el cuerpo está continuamente señalando y comunicando mensajes. Es saludable cuando hay equilibrio entre sus diferentes par-

tes y entre él y las otras dimensiones humanas. El equilibrio ocurre cuando las necesidades del cuerpo están satisfechas de una manera balanceada. Sin embargo, no se le puede separar de los sentimientos, pensamientos, ni del espíritu, así que excesos o carencias en las dimensiones emocional, mental o espiritual también pueden afectarlo negativamente. Sin embargo, podemos observar el cuerpo por separado. Intenta lo siguiente:

- ✓ Debes estar consciente de tu cuerpo en todo momento, es decir, cuando hablas, comes, caminas, manejas, te cepillas los dientes, etcétera. Probablemente detectarás muchas tensiones musculares (especialmente en la nuca y los hombros), que no son necesarias para realizar lo que estás haciendo. Al darte cuenta de esto puedes relajar las partes tensas y así prevenir que las tensiones se acumulen.

- ✓ Toma en serio las señales de desequilibrio, tales como dolor de cabeza, dolores musculares, malestares digestivos y otros, ya que puedes estar desarrollando un cuadro de estrés negativo o crónico sin darte cuenta. No ignores ni minimices estas dolencias sin chequearlas con un médico, y recuerda que la mayoría de los fármacos no curan las causas, únicamente eliminan los síntomas.

- ✓ Puedes convertir la observación del cuerpo en una técnica de relajación. Sentado o acostado, cierra los ojos y empieza a observar y a sentir diferentes partes de tu cuerpo. Puedes brincar mentalmente de una a otra, la secuencia no tiene importancia. El simple hecho de enfocar tu mente en el cuerpo, hace que ésta comience a relajarse. Y cuando la mente se relaja, el cuerpo también lo hace.

- *Observa tu respiración* Asimismo, darte cuenta de tu respiración es una excelente manera de quitar tensiones físicas, mentales y emocionales, y apoyar el equilibrio en todas las dimensiones.
  - ✓ De la misma manera en que observas tu cuerpo durante las actividades cotidianas, también puedes hacerlo con la respiración en cualquier momento. Al estar consciente de tu respiración automáticamente ocurre una relajación tanto física como mental y emocional. Las tensiones musculares, la confusión mental y las angustias pueden reducirse con esta técnica tan sencilla. Cuando sientas tu respiración recuerda también chequear si tu abdomen está tenso o no. Si está tenso, relájalo, porque al tensar el abdomen, estás bloqueando el diafragma, lo que a su vez imposibilita una respiración profunda.
  - ✓ También puedes practicar como técnica de relajación lo que se denomina «la respiración abdominal». Sentado (o mejor acostado) coloca una mano sobre el abdomen y la otra sobre el pecho. La idea es respirar de modo que el abdomen se infle. Utiliza las manos para asegurarte de que sólo el abdomen se mueva. El pecho debe estar inmóvil. Haz tres respiraciones abdominales y toma una pequeña pausa. Vuelve a repetirlo por tres a cinco minutos. Si te cuesta lograrlo, coloca un libro pesado sobre el abdomen y trata de levantarlo con la inhalación. (No importa el tema del libro.)
  - ✓ Otra técnica de relajación es cerrar los ojos y sentir el aire entrando y saliendo por la nariz o la boca.

✓ Según las tradiciones orientales, la respiración está estrechamente relacionada con el espíritu. El yoga, las artes marciales, así como diferentes tipos de meditación utilizan diversas técnicas de respiración para el desarrollo espiritual. Un ejemplo es la meditación budista *vipassana* (que significa algo así como: «experimentar las cosas como son»): sentado y con los ojos cerrados, enfoca tu mente en el movimiento que realiza tu abdomen mientras respiras. El centro de tu atención debe estar en el área que se encuentra un poco más arriba de tu ombligo. Vuelve a centrar tu mente en esta área cada vez que te des cuenta de que estás pensando en otra cosa. Esta meditación puede durar de quince minutos a una hora.

- *Observa tus sentimientos* Observar y darte cuenta de tus sentimientos *cuando ocurren* no es fácil. La mayoría de nosotros ha aprendido a sentir y a expresar lo menos posible. Las emociones excesivamente controladas o reprimidas causan presión tanto física como mental y también producen enfermedades. Cuando expresas tus emociones, evitas la acumulación de presión y aumentas tu vitalidad y espontaneidad. Asimismo, las relaciones que estableces con los demás se profundizan. Intenta estar más pendiente de tus sentimientos y poco a poco atrévete a sentirlos y a expresarlos con mayor libertad. También te recomiendo leer libros sobre inteligencia emocional.
- *Observa tus pensamientos* La mayor parte del tiempo la mente es nuestro amo y no nuestro servidor. Los pensamientos y diálogos internos parecen tener su propia vida

fuera de nuestro control. Muchas veces ni siquiera estamos conscientes de lo que estamos pensando o diciendo internamente.

- ✓ Como parte de una técnica de relajación, mientras estés observando tu cuerpo o tu respiración, intenta por unos momentos «distanciarte» de tu propia mente, ubicándote en la posición de «testigo» de ti mismo, observa los pensamientos y diálogos internos que están ocurriendo. Puede ser que lo logres sólo por unos segundos al principio, pero mientras más lo practiques más fácil se hará cada vez. Recuerda que el «testigo» es neutral. Nada de juicios sobre lo que estás observando.
- ✓ Al igual que con el cuerpo, la respiración y los sentimientos, también puedes observar tus pensamientos durante las actividades que realizas cotidianamente. La idea es detectar hábitos mentales que no te convienen, por ejemplo comparaciones, juicios, mensajes negativos, etcétera. Cuando un pensamiento es consciente se puede modificar. La meta es aprender a comparar y enjuiciar menos y a «reprogramar» la mente, reemplazando los mensajes negativos por mensajes positivos. Algunos de estos mensajes son estresantes y además afectan profundamente la capacidad de relacionarte.
- ✓ Si encuentras que procedes según algunas viejas creencias, pregúntate si siempre deseas apegar tu conducta a ellas. Como adulto, puedes escoger, entre cumplir con ellas o no. Mantente consciente de las opciones que tienes. La próxima vez que observes un «debo» o «tengo que» en un diálogo interno detente y pregúntate: «¿Es cierto? ¿Eso es lo que

quiero? ¿Existen otros puntos de vista? ¿Tengo opciones?».

✓ La negatividad y las preocupaciones son modificables. El optimismo tiende a ser contagioso, así que haz un esfuerzo para pensar más positivamente sobre ti mismo, otras personas y la vida. Así puedes beneficiar a los demás también.

- *Aprende a vivir y a disfrutar el presente* Una amiga me envió un correo electrónico con la siguiente reflexión: «Los hombres pierden la salud para juntar dinero y luego pierden el dinero para recuperar la salud; y por pensar ansiosamente en el futuro, olvidan el presente de tal forma que acaban por no vivir ni el presente ni el futuro, viven como si nunca fuesen a morir y mueren como si nunca hubiesen vivido».

Ya conoces la técnica para captar el presente: *sentir algo físico*. (Ver el capítulo 4 de la primera parte, sección «El camino de la meditación».) La meditación, el yoga o el tai-chi son todas excelentes técnicas para reforzar esta capacidad. También puedes salir a la naturaleza y tratar de sentir más y pensar menos.

Vivo mi vida contento, así viviré muy bien,
que si me apuro, me muero,
si no me apuro, también.

Libros que me han inspirado

Arroba, T. y K. James (1990): *Cómo manejar* la presión en el trabajo. México: McGraw-Hill.

Barker, J. (1995): Paradigmas: *El negocio de descubrir el futuro.* México: McGraw-Hill.

Briggs, D. C. (1991): *El niño feliz.* Barcelona: Gedisa.

Capra, F. (1985): *El punto crucial.* Barcelona:Anagrama.

Coelho, P. (1990): *El alquimista.* Barcelona: Ediciones Obelisco.

Davidson, J. (1997): *Maneje el estrés. ¡Fácil!* México: Prentice Hall Hispanoamericana S. A.

Fisher, R. (1997): *El caballero de la armadura oxidada.* Barcelona: Ediciones Obelisco.

Hunter, J. C. (1999): *La paradoja.* Barcelona: Ediciones Urano S. A.

Tolle, E. (2000): *El poder del ahora.* California, ee uu: New World Library.

Todos los libros de Virginia Satir.

Todos los libros de Leo Buscaglia.

Todos los libros de Osho.

www.EarthEdition.org

www.ingramcontent.com/pod-product-compliance
Lightning Source LLC
LaVergne TN
LVHW041541070426
835507LV00011B/864